新 こころへの挑戦

心理学ゼミナール

Shuichi Fujita
藤田主一
編著

寺門正顕
真覚　健
谷口　篤
中澤保生
雨森雅哉
市川優一郎
小池庸生
吉田宏之
滑川瑞穂
纓坂英子
伊坂裕子
碓井真史
堀　洋元
大村政男

福村出版

はじめに

本書『新 こころへの挑戦――心理学ゼミナール』は，大きく2つの目的をもって企画編集された。1つは，大学や短期大学，専門学校などで心理学を初めて学ぶ学生のための最新のテキストとして，また，心理学に関心を寄せる多くの人たちの参考書として使用されることである。今から23年前，私たちは福村出版より『こころのゼミナール』，13年前には『こころへの挑戦』，7年前には『新しい心理学ゼミナール』を上梓し，幸いにも好評を得て版を重ねてきた。本書はその延長線上にあるといえる。もう1つは，本書で取りあげている種々のテーマをきっかけに，今一度「こころ」という存在を見つめ，現代心理学の最前線に触れてほしいということである。

それでは，こころとは何であろうか。目に見えないからこそ，こころという未知なる存在は非常に興味深い対象である。私たちがこころの問題を解明したいという願いをもち続けるのは，それが人類普遍の目的だからである。今日まで世界の研究者たちは科学の力を結集し，神秘なこころの世界に迫ろうとしている。それは遅々とした歩みかもしれないが，全世界の研究成果によって確実な歩みになりつつある。

教室は，講義を展開する教員と，目を輝かせて受講する学生との両者が主役の舞台である。教員は学生の知識欲求を満たさなければならないが，どんなに専門的で最前線の講義であっても，学生の興味と異なる一方的な内容を語ったのでは，残念ながら演出はうまくない。前向きに取り組む学生が，講義の内容を理解しようとテキストを読み返し，また試験準備のためにテキストをまとめなおそうとしたとき，そこに知りたい内容が網羅されていることが必要であろう。教員側の興味に任せた執筆では，テキストとしての価値は高くない。テキストの使命は常に視点を学生側に置いている点であろう。

本書の「こころへの挑戦」というネーミングには，未知のこころへ一歩ずつでも近づきたいという願いが込められている。その目的のため，本書では15種類の挑戦項目を取り上げた。目次の個所が章構成になるが，こころの中枢である「脳の心理学」から始まり，いわゆる基礎心理学といわれる内容と，「臨床の心理学」「犯罪の心理学」「経営の心理学」という応用心理学の領域まで，こころのしくみを幅広く明らかにするものである。それは，今日の心理学が対象とする領域でもある。個々の領域は，与えられた紙幅では紹介しきれないが，可能な限りの情報を取り入れたつもりである。最終章の「心理検査トライアル」は，本書にとってオアシスである。自分を見つめる機会にしてほしい。

各章の執筆者は，その分野の高名な専門家と新進気鋭の専門家に依頼した。それぞれが専門の研究者であり，また学生を指導している教育者である。各章とも具体的でわかりやすい内容に執筆されているが，さらに深い学習を希望する場合には，章末に掲げた参考図書を十分に活用していただきたい。

21世紀は「こころの時代」といわれるが，これは豊かな「ものの時代」から，もう一度，私たちの「こころ」を見つめなおそうとすることにほかならない。本書の中で展開されているさまざまな心理学上の問題が，現在ならびに将来の視点に立って役立つことができれば幸いである。

最後に，本書の企画から出版に至るまで，多大のご厚意を寄せていただいた福村出版株式会社に深甚の感謝を捧げる次第である。

2015年4月

編著者　藤田 主一

目　次

1章　脳の心理学

われわれのこころの働きは，脳によって支えられている。われわれが感情を感じたり，あるいは言葉をしゃべったり，ときには黙々と読書に打ち込んだりする，これらのさまざまな心的活動は脳の機能によっている。しかし，その脳のしくみや働きは，人類最後のフロンティア（未開拓の領域）といわれるように，まだまだ未解明な部分が多い。ここでは，これまでに明らかになっている脳の機能とこころの関連について紹介しよう。

1節　脳の構造

人間の大脳を外側から眺めてみると，多数のシワ（溝）が入った灰色をしている。これは大脳皮質といって神経細胞（ニューロン）が多数集まってできている。大脳皮質の表面にシワ（溝）があるのは，大きな表面積のものを頭蓋骨という小さな容器に押し込めているからで，大脳皮質を拡げると新聞紙見開きほどの大きさになるといわれている。大脳を上から見ると，ほぼ同じ形をした左右２つの部分からなっている。右側は右半球，左側は左半球といって，左右に分かれているように見えるが，内部で脳梁という神経線維の束で繋がっている。また，大脳皮質には大きな溝が２つあり，それぞれ中心（ローランド）溝と外側（シルヴィウス）溝とよばれ，そうした溝等を境に，前頭葉，頭頂葉，側頭葉，後頭葉と分類されている（図１−1）。

大脳皮質の内部には，神経線維の集まりである白質があり，さらにその内側には神経核の集まりである大脳辺縁系がある。大脳辺縁系は，海馬や扁桃体，乳頭体，脳弓などからなり，記憶や感情機能をつかさどっている。

さらに，その内側には脳幹があり，視床や視床下部（これらは間脳という），中脳，橋，延髄から構成されていて，呼吸や心臓活動をコントロールし脳の活動レベル（覚醒水準）を調節している。また，摂食行動や性行動の中枢も存在している。脳幹からは，下のほうへ向かって神経線維の束である脊髄が伸びていて，これが脊椎（背骨）を通って身体全身を脳が制御しているのである。

脳は，このように大まかに3つの階層に分けることができ，その機能から以下のように特徴付けられている。(1) 脳幹—脊髄系：生きるための脳。生命維持に必要な部分。(2) 大脳辺縁系：うまく生きるための脳。感情や記憶に関係し，危険を感じたら危機に対処するための生理的反応を生じさせ，それを記憶しておくことで，うまく生き残っていく。(3) 大脳皮質：よりよく生きるための脳。言語や論理的思考など人間らしい機能をつかさどる部分。

脳幹の後ろ側（背中側）には，小脳という脳の小型版のようなものが存在している。これは，運動やバランス（平衡感覚）機能をつかさどっていて，運動に関する身体の動きの記憶もしていると考えられている。われわれは無意識のうちに「歩く」という動作を行っているが，単純に「歩く」だけでも脚部の動きだけでなく，上半身の姿勢を変化させてバランスをとるなど，多数の筋肉を協調的に動かしている。これを自動的に行っているのが小脳なのである。この小脳がしっかりと働いているかをチェックするためのテストとして指—鼻テストがある。このテストは，目を閉じた状態で指で鼻の頭を触る，というもので，通常は問題なく触れるはずであるが，小脳に障害がある場合やアルコールで酩酊状態になるとうまく触れないのである。

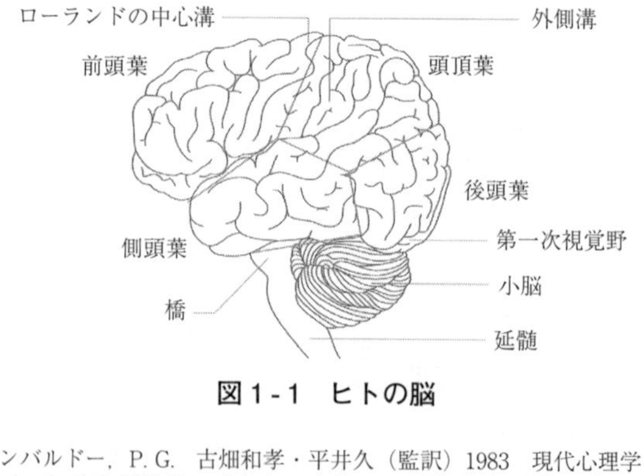

図1-1　ヒトの脳

出典：ジンバルドー，P. G.　古畑和孝・平井久（監訳）1983　現代心理学II　サイエンス社
（Zimbardo, P. G. 1980 Essential of psychology and life. 10th ed. Scott, Foresman.）

2節　神経細胞：神経系の基礎

大脳をはじめとする神経系は，神経細胞（ニューロン）によって構成されている。神経細胞は，0.1 mm 弱の大きさの細胞体と枝葉のように伸びる樹状突起，そして細胞体から伸びる1本の軸索からなっている（図1−2）。樹状突起は，いわゆるアンテナのようなもので細胞体から枝を伸ばすようにあり，他の神経細胞からの信号を受け取る役割をしている。他の神経細胞からの複数の信号（同時に複数であったり，時間的に重ねてであったり）を受け取ると，細胞体は軸索を通して電気（活動電位）を発火する。軸索にはミエリン髄鞘という絶縁体のカバーが巻かれていて（髄鞘のあるものを有髄神経といい，髄鞘の無い無髄神経もある），髄鞘の切れ目（ランビエの絞輪）まで跳ねるように電気が流れていく。これを跳躍伝導といい，この跳躍伝導のおかげで，神経の伝達スピードが速くなった。

軸索を通った活動電位が次の神経細胞へと伝わる接点となるのがシナプスである。シナプスは，物理的に次の神経細胞と接しているのではなく，ごく狭い隙間が空いている。これをシナプス間隙といい，5万分の1 mm ほどである。この隙間では，軸索を伝わってきた電気信号（活動電位）が来ると，神経伝達物質（ニューロトランスミッター）が放出される。受け手側の神経細胞では，特定の神経伝達物質を受け取る受容体があり，そのしくみはカギとカギ穴に例えられる。また，放出された神経伝達物質が残留してしまわないように，分解酵素（エステラーゼ）が分解している。

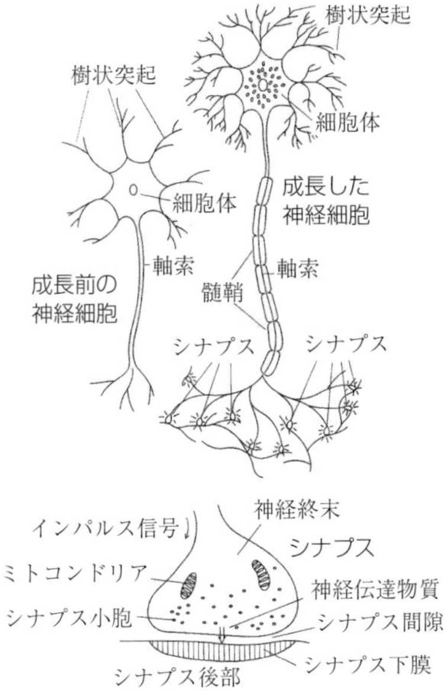

図1-2　神経細胞とシナプス

出典：脳と発達の心理学――脳を育み心を育てる　ブレーン出版

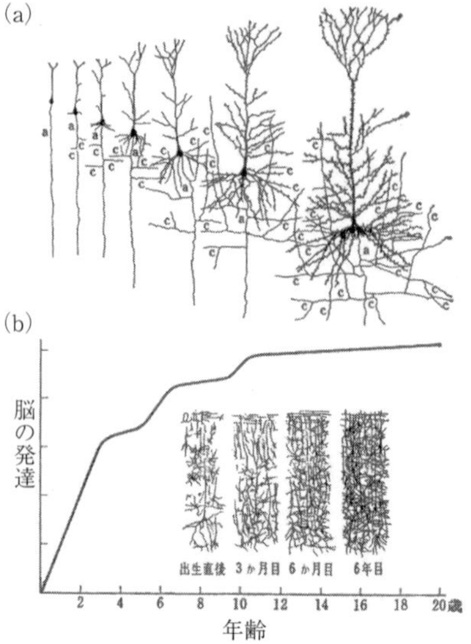

(a) 樹状突起の形成（図中のａは軸索，ｃは軸索の側枝，他の突起は樹状突起）
(b) 神経回路の形成

図１-３　樹状突起の発達

出典：脳と発達の心理学——脳を育み心を育てる　ブレーン出版

シナプスで放出される神経伝達物質には多数の種類があり，物質によって機能的な特徴が異なっている。代表的なものをいくつかあげてみよう。

(1) アセチルコリン：記憶や学習に関係していると考えられている。

(2) カテコールアミン：ドーパミンやノルエピネフリン（ノルアドレナリン）などの総称である。交感神経系に関連し，感情的な覚醒に関連。ドーパミンの過剰は統合失調症に，欠乏はパーキンソン病につながると考えられている。

(3) セロトニン：睡眠や気分に関連している。セロトニンの減少がうつ病につながる１つの要因であると考えられている。

こうした神経伝達物質のしくみを利用して，さまざまな薬（精神障害の治療薬やカゼ薬など）がつくられている。

このように，神経細胞は多数の神経細胞同士が繋がって神経回路を形成することで機能している（図１−３)。つまり，いかに多くの神経回路を形成するかが脳の発達にとって重要なのである。神経細胞の数は，生後２歳頃からはほとんど増加せずに減少していくと考えられている（まったく増えないわけではない)。この減少において重要なしくみがアポトーシス（細胞の自殺）である。生後間もなくでは神経細胞の数は比較的多い（成人の1.5倍ほどとする説もある）が，神経細胞間の繋がり（神経回路）の形成は不十分である。しかし，数年の成長（経験）によって軸索や樹状突起が伸びていき，多数の神経回路が形成される。このとき，神経回路を形成するために，間に残っていた神経細胞が間引きされ消滅してしまう（アポトーシス)。このことは，神経回路の形成が，神経の働きにおいてもっとも重要であることを示している。神経回路は，刺激のくりかえしの入力によって形成されるが，一方で，刺激が入力されなくなれば回路は使われなくなり，消滅してしまう。さまざまな刺激入力が脳の発達を促進し，機能維持にも必要とされるのである。

3節　脳幹―脊髄系と大脳辺縁系

ここでは，脳の構造のうち下位の領域にあたる脳幹―脊髄系と大脳辺縁系の機能について見ていこう。

1　脊髄

脊髄は，脳幹から下に伸び脊椎（背骨）の中を通る神経の束である。身体各部からの感覚を脳へと伝達し，また脳からの運動の指令を身体各部へと伝える中継器官の役割を担っている。脊髄のもう1つの重要な役割は反射である。反射とは，危険な状態に対する咄嗟の無意識な反応である。たとえば，目にゴミが入りそうになったとき，瞬き（瞬目）してゴミが入ることを防ぐ眼瞼反射（瞬目反射）などがある。他にも，後ろから押されたときに倒れないように足を突っ張る伸張反射や，熱いものに触れたときに手を素早く引っ込める屈曲反射がある。このような反射は生命維持のために有用ではあるが，一方で自発的・能動的な行動を阻害してしまうものでもある。コンタクトレンズを目に入れようとしても，眼瞼反射がひどくて入れられないとなっては本末転倒であろう。発達初期には存在するが，発達に伴って消失する反射もある。とくにあげられるのは吸引反射（口に近づいたものに吸い付く反射）やバビンスキー反射（足裏を踵からこすると，足指を広げる反射：歩行のための反射）などで，これらは自発的な行動が生じてくる時期には消失するため，発達の診断にも用いられている。

2　脳幹

脳幹は，視床や視床下部，中脳，橋，延髄から構成されている。延髄には呼吸や血圧の調節中枢や内臓活動の反射中枢があり，ここから中脳や視床を経由していく網様体（網目のように入り組んだ神経連絡）が大脳全体へと投射して睡眠や覚醒などの覚醒水準をコントロールしている（脳幹網様体賦活系）。中脳は，視覚や聴覚の伝導路で，瞬目や瞳孔収縮などを制御し，橋は左右の小脳と大脳とを連絡している。

3　間脳（視床と視床下部）

視床は感覚情報の中継路で，視床下部は自律神経系の機能的調節中枢となっている。自律神経系とは，内臓活動を自動的にコントロールする神経系で，たとえば，われわれが立ったり座ったりをくりかえしても立ちくらみ等が起きないように心臓活動や血管系の制御を行なっている。こうした点から，視床下部は生体内の恒常性（ホメオスタシス）の維持において重要な役割を担っている。

4　大脳辺縁系

大脳辺縁系は，さまざまな神経核の集まりで，ここには感情や記憶に関連した部位が存在すると考えられている。感情に関して重要な部位は，扁桃体である。これはアーモンドのような形の小さな神経核であることから名付けられたもので，この扁桃体が感情的評価にかかわる中枢と考えられている。一方で，大脳皮質にも感情にかかわる部位の存在が指摘されている。1960 年代までに主に統合失調症患者に行われたロボトミー手術（前頭前野の神経連絡を切除する）による感情の鈍麻ややる気の低下，あるいは事故による前頭葉皮質損傷例からの知見（生真面目だった人物が，事故後は気まぐれで衝動的になった）等から，大脳の前頭葉が感情ややる気に関連していることが示唆されている。

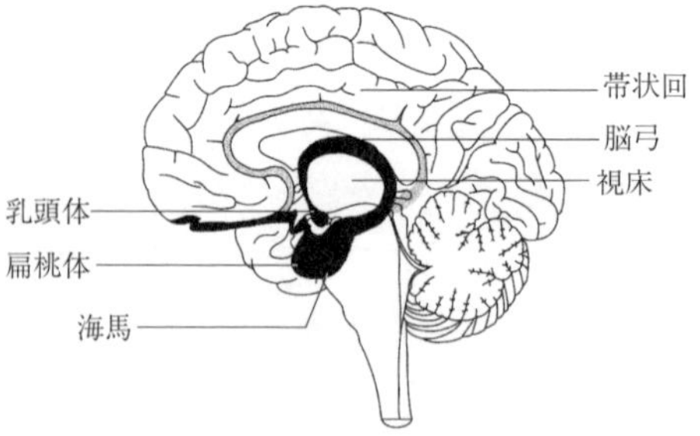

図 1-4　辺縁系の構造

出典：カラット，J. W.　中溝幸夫他（訳）1987　バイオサイコロジーⅢ　サイエンス社を一部改変（Kalat, J. W. 1984 Biological Psychology. 2nd ed. Wadsworth Pub. Co.）

大脳辺縁系でもう 1 つの重要な部位が海馬である。海馬は，短期記憶に保存された記憶を長期記憶へと転送する部位であると考えられている。短期記憶は，おそらく海馬を含む脳内の閉回路で保持され，そこから大脳皮質に広く分布する長期記憶の貯蔵庫へと転送されるのだろう。このことは，てんかん発作の治療として脳内側部の切除手術を受けた患者のケースや，アルコール依存等でのビタミンB_1欠乏からくるコルサコフ症候群に見られる記憶障害，見当識障害から推測されている。

それでは，記憶は脳のどこに存在するのだろうか。カナダの脳外科医ペンフィールドが，大脳皮質表面の電気的刺激によってさまざまな記憶が想起されることを報告しているが，これには批判も多い（皮質を刺激したからではなく，その内側の海馬を刺激したようなものではないのか，という指摘）。現状で考えられる大脳での記憶痕跡は，大脳皮質それぞれの領域に局在する機能に特化した内容が各部位に貯蔵されるが，記憶としては大脳全体で保持されている，というものである。

4節　大脳皮質と機能局在

人間の脳は，だいたい1,500 g弱の重さで，そこに約1,000億個もの神経細胞（個数については諸説があり，150億～10兆までさまざま）が集まっている。大脳皮質は，神経細胞の分布や密度の違いから6層の層構造に分類でき，そこから脳の各部位の機能的な違いを地図として表すことができる。もっとも有名なものがブロードマンの脳地図で，1～52までの番号を振って分類したものである（図1−5，番号は52まであるが，実際に分類されているのは48領域である）。

それでは，以下にブロードマンの脳地図による領域のうち，機能の明らかな部分について説明していこう。

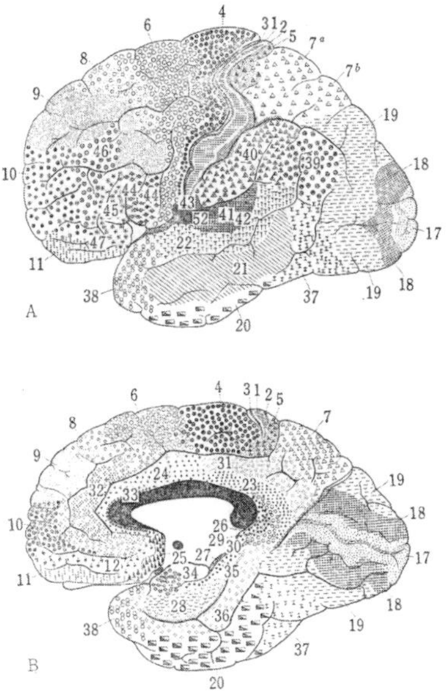

図1-5　ヒトの皮質地図
（ブロードマンによる）
出典：脳の生理学　朝倉書店

1　感覚野と運動野

ブロードマンの脳地図では，第1野〜第3野は感覚野である。この領域は，中心溝（ローランド溝）の後ろ側にあたる。中心溝の前側となる第4野は運動野とよばれている。感覚野は，身体の体性感覚を知覚する領域で，皮膚感覚（触覚）や位置や状態を知覚している。運動野は，身体各部位の運動を制御する領域である。この感覚野と運動野の特徴は2つあげられる。1つは左右の大脳半球に位置する感覚野・運動野がそれぞれ反対側の身体を受けもっている，対側性支配をしていることである。つまり，身体の右側は左大脳半球が制御し，身体の左側は右大脳半球が制御している。2つ目の特徴は，身体の部位によって，感覚野・運動野の皮質上に占める面積が異なることである。たとえば，図1−6の右側の運動皮質を見てみると，身体の各部位のうち，とくに手や顔の面積が大きいことがわかる。顔は，表情の変化や言葉の発声において口や舌の筋肉を微妙にコントロールしなければならない部位である。細かな運動制御を必要とする部位であるため領域が大きくなっているのである。同様に，図左側の感覚野でも，親指や口，舌といった部位の領域が大きく，それらの部位の皮膚感覚が敏感であることを示している。たとえば，指先では2mmほど間隔をあけて押されれば，2カ所を押されたと感じ取れるのに，腕や背中では違いを感じられずに，1カ所を押されたと知覚してしまうのである。

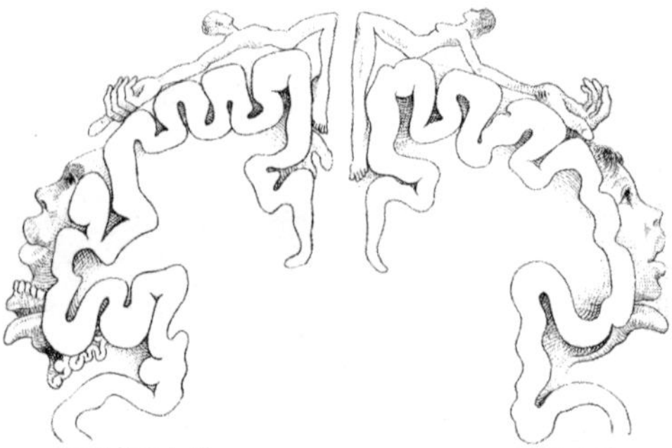

身体の各部分からの感覚受容器は，運動感覚皮質と呼ばれる特定の皮質領野へ投射される。同様に，運動皮質と呼ばれる特定の皮質領野は，身体の各部分の運動を制御する。皮質は身体の表面のマップ（地図）を形成するが，それらを対応させると，この図のような形に描くことができる。これは，身体の各部に割り当てた皮質の領野が，各部の大きさに比例しているのではなく，知覚したり制御したりする精密度に比例しているからである。

図1-6　感覚野と運動野の機能地図

出典：脳を観る——認知神経科学が明かす心の謎　日経サイエンス社

2　視覚野

視覚野は，第17〜19野にあたる。視覚においても対側性支配となっているのだが，厳密には少し異なっている。視覚では，右視野の情報が左大脳半球に送られ，左視野の情報が右大脳半球に送られる。つまり，注視点を基準に右側に見えているものが，右眼球の網膜像と左眼球の網膜像とが一緒になって左大脳半球に送られている。すると，右眼球で見えている像と左眼球で見えている像はズレが生じてくる（両眼視差）ため，その視野像のズレが立体視の基となっている。これは3D映像の原理である。

眼球の網膜から送られてくる視神経の束は，第17野（1次視覚野）に投射され，基本的な映像処理（輪郭や形の認知など）が行われ，その後第18，19野の2次，3次視覚野等で立体的な形態認識や色の知覚，動きの知覚等が行われている。

3　2つの言語野

大脳皮質には，言語にかかわる領域が2カ所あり，ここが言語処理に関する中枢を担っている。つまり，なんらかの病気や事故で，この2カ所の領域を損傷してしまうと，失語症（言葉が理解できなかったり，喋れなかったりする）になってしまうのである。

その2カ所とは第22野と第42野のウェルニッケ野（感覚性言語中枢）と，第44野のブローカ野（運動性言語中枢）である。これらの言語野は，大多数の場合は左半球に存在する。大多数というのは右利きの人の95%をさし，左

ブローカ失語症
クッツキーの箱……落ちかかる 椅子……水……空っぽ。

ウェルニッケ失語症
えっと，これは……お母さんがこちらにいて，ここから，自分を良くしようと思って働いているんだけど，2人の子どもはほかのところを見ている。彼らの1つのタイルが，彼女の時間がここに入りこむ。……（後略）

図1-7　2種類の失語症患者の典型的な言語反応

（Gellatly, A. & Zarate, O., 1998, Mind & Brain, p.60より作成）

出典：山内光哉・春木豊（編著）2001　グラフィック学習心理学——行動と認知　サイエンス社

利きは全体の10％弱だからである。つまり，右利きではほぼ左半球に言語野があり，左利きでは右半球であったり，左半球であったり，両方にあったりとさまざまである。もしも将来，脳梗塞を起こして右半身が麻痺した場合には，失語症となる可能性が高いといえるのである。

第22野と第42野のウェルニッケ野（感覚性言語中枢）は，言語の認識に関与している。もしもウェルニッケ野のみを損傷した場合には，言葉の生成には問題がないので，流暢に話せるのだが，自分の話している言葉の意味さえも理解できないため，意味不明な文章（話）となってしまうのである。

一方，第44野のブローカ野（運動性言語中枢）は，言語の生成に関係しているため，話そうとしている内容はわかっているにもかかわらず，文法的な生成ができないため簡単な単語の羅列のみとなってしまう。

5節　左の脳と右の脳：機能的非対称性

2つの大脳半球からなる大脳は，脳梁を介してそれぞれが協調しながら働いている。

左半球には，多くの場合，言語野という特徴的な領域があり，言葉を操るという人間に固有の機能を保持しているために，左半球を優位半球，右半球を劣位半球（劣ったもの）とみなしていた時期もあった。それでは，本当に右半球は何もできないのだろうか。

左右大脳半球の機能差に関して，知見を得る端緒となったのが分離脳手術である。この手術は，重いてんかん発作に悩まされる患者に対して，左右の大脳半球をつないでいる交連線維（脳梁）を切断する手術である。てんかんは，現在では有効な治療薬で発作を抑えることができるようになったが，以前はよい治療薬がなかった。てんかんの発作は，病状にもよるが，ある脳の特定部位を発生源として異常な脳波（発作波）が発生し，それが場合によっては脳全体に波及することで全身のけいれん発作等につながるもので，発生源が左半球にある場合には，言語野を損傷する恐れから外科的な切除が困難であった。そこで行われたのが分離脳手術で，てんかん発作に対しては顕著な軽減効果が見られた。

この分離脳手術患者を対象に認知心理学的な検証が行われたことで，右半球の能力が知られるようになったのである。まず，分離脳手術患者が描いた絵を見てみよう（図1－8）。

分離脳手術患者は，左半球に言語野があったことから，基本的には右利きのはずである。その利き手である右手での模写を見てみると，手本とは似ても似つかない平面的で立体感のかけらもない絵を描いている。一方で，左手での模写では，非利き手のために不器用ではあるが，図形の奥行き感をとらえていることがわかる。つまり，右半球には立体的な空間認知能力があり，言語野のある左半球は空間知覚が苦手であることを示していたのである。

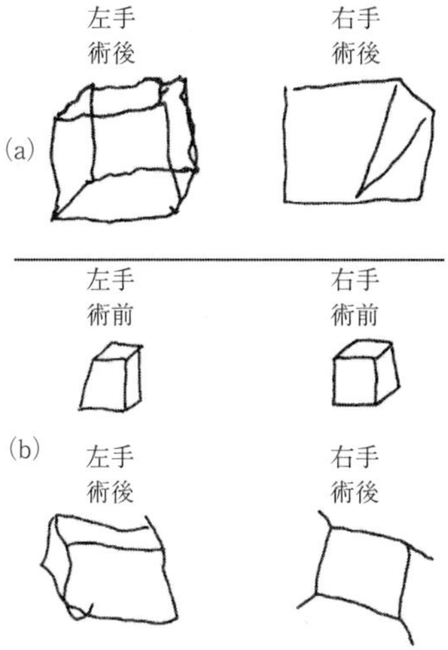

(a) は1961年にW・Jが描いた最初の絵である。右脳からの運動支配を主に受けている左手は右手よりはるかに上手に描いている。言語中枢のある優位な左脳からの支配を主に受けている右手は拙劣である。(b) はコーネル・メディカル・センターで後に検査したP・Sという患者の検査結果である。右手の成績が劣っている。

図1-8　分離脳患者の右手と左手での模写の違い
（ガザニガによる）

出典：社会的脳　青土社

それでは，言語野のない右半球は，言葉を話したり理解したりすることはできないのだろうか。この問題を調べるために用いられたのが，タキストスコープ（瞬間露出呈示器）であった（図1－9）。これは片側の視野のみ（たとえば，左視野のみ）にある単語を0.1秒間だけ表示する機械である。すると，左視野のみに一瞬だけ表示された文字は，右半球に送られるが，瞬間的すぎるために眼を動かすことができず，右視野には何も映らなかった状態となる。健常な人では脳梁を介して見たものの情報が左右大脳半球で共有されるが，脳梁を切断されている分離脳手術患者では，右半球は文字が見えていても，左半球には何も見えなかったことになる。この状態で，患者に「何が見えたか答えてください」と言葉で回答するよう求めると，言語野のある左半球は何も見えていないので，「わからない」と答える。しかし，「左手で」答えを選ぶよう求めると，左手をコントロールしている右半球が見えたものを選

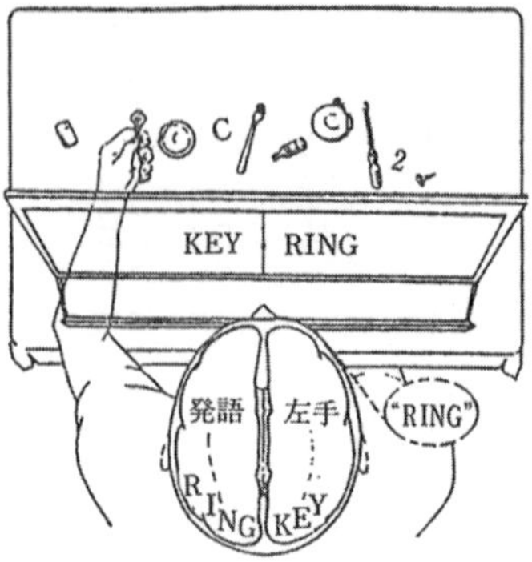

図1-9　分離脳患者での実験

出典：脳と心理学——適応行動の生理心理学　朝倉書店

ぶことができたのである。つまり，言語野をもたない右大脳半球にも，意味的な理解や単語の使用といった，限定的ではあるが単純な言語的な把握能力があることが示されたのである。

このように，分離脳手術が左半球の言語能力の高さとともに，右半球の空間認知能力や限定的な言語把握能力を示したことで，一般には左脳は言語的で論理的，右脳は空間的で芸術的等の単純化しすぎた見方が広まってしまった。しかし，われわれの大脳は，左右の大脳半球が脳梁で繋がれ，常に情報交換を行いながら日々の問題に対処している。たとえば，久しぶりに会った友人が髪を切っていたとき，あなたはその友人の名前を言語的に思い出しながら，イメージ的・空間的に髪型の変化を認識している。このように，左右の大脳は別々に働くのではなく，常に協調的に働いているのである。

参考文献

ブルーム，F. E. 他（著）　中村克樹・久保田競（監訳）　2004　新・脳の探検（上）——脳・神経系の基本地図をたどる（ブルーバックス）　講談社

ブルーム，F. E. 他（著）　中村克樹・久保田競（監訳）　2004　新・脳の探検（下）——脳から「心」と「行動」を見る（ブルーバックス）　講談社

八田武志　2003　脳のはたらきと行動のしくみ　医歯薬出版

シルバー，K.（著）　苧阪直行・苧阪満里子（訳）　2005　心の神経生理学入門——神経伝達物質とホルモン　新曜社

2章　知覚と認知の心理学

知覚や認知は環境を知る働きである。知覚や認知が心理学に含まれることを不思議に思うかもしれない。しかし環境を知ることは，生体が適応的な行動や判断をするために欠くことができないものである。環境を知ることは自動的に生じるような単純な過程ではなく，生体にとって必要な情報を効率的に獲得する主体的な過程であり，「こころの働き」のもっともベーシックなものと考えることができる。

1節　環境を知る働き：感覚・知覚・認知

環境を知る，すなわち環境から情報を得る過程を，感覚・知覚・認知とよぶ。感覚・知覚・認知を明確に区別することは困難である。しかし感覚間の相互作用の程度や運動系との関与の程度，過去経験や記憶・思考など高次過程の関与の程度によって，相対的に区別することができる。

感覚はもっとも初期の処理過程によるもので，主として末梢から中枢への上行性神経機構によって生じる経験である。知覚経験では，全体性やまとまり，形態性や意味性といった属性が加わる。さらに感情や欲求といった主体的な要因が加わったものを認知とよぶ。

2節　感覚

1　感覚の種類と刺激

五感といわれるように，人間には，視覚，聴覚，嗅覚，味覚，皮膚感覚といった感覚がある。さらに，平衡感覚，運動感覚，内臓感覚といった自己受容感覚も存在する。皮膚感覚と自己受容感覚を合わせて，身体感覚とよぶことも

表 2-1　感覚の種類（渡辺洋一を改変）

感覚の種類	適刺激	感覚受容器	感覚中枢
視　覚	380 ～ 760 nm の波長の電磁波（可視光線）	眼球／網膜内の錐体と桿体	大脳皮質後頭葉視覚領野
聴　覚	20 Hz ～ 20 kHz の周波数の音波	内耳／蝸牛内の有毛細胞	大脳皮質側頭葉聴覚領野
味　覚	水溶性味覚刺激物質	舌の味蕾内の味覚細胞	大脳皮質側頭葉味覚領野
嗅　覚	揮発性嗅覚刺激物質	鼻腔上部の嗅覚細胞	嗅脳および嗅覚領野／大脳辺縁系
皮膚感覚		皮膚内の	頭頂葉，体性感覚野
触　覚	機械的刺激	メルケル細胞，マイス	および小脳
圧　覚	機械的刺激	ナー小体，パチニ小体，	
温　覚	電磁波	クラウゼ終棍	
冷　覚	電磁波	などさまざまなタイプの感	
痛　覚	すべての強大な刺激	覚細胞＊	
自己受容感覚			
平衡感覚	機械的刺激	半規管内の有毛細胞	頭頂葉，体性感覚野
運動感覚	機械的刺激	筋・腱・関節内の感覚細胞	および小脳／間脳
内臓感覚	深部感覚もあるが，感覚というよりもそれぞれの内臓の要求信号（食欲，渇き，尿意）		

＊これらの感覚受容器は筋・腱・関節や内臓にも存在し，皮膚感覚に対して深部感覚とよばれることもある。

ある。

感覚受容器は外界の刺激エネルギーをとらえ，神経インパルスに変換する。それが大脳の感覚中枢に伝達されて感覚が生じる。視覚系であれば可視光線，聴覚系であれば音波というように，それぞれの感覚受容器にはもっとも効率的にエネルギーを神経インパルスに変換することができる刺激がある。これを適刺激という。表 2−1 は，感覚の種類，適刺激，感覚受容器，感覚中枢をまとめたものである。

感覚は単独で働いているわけではない。映画やテレビでは，音は画面の中からではなく横にあるスピーカーから出ているのに，声は画面上の人物の口から出ているように聞こえる。ヒトは視覚が発達しているため，視覚による情報が音の聞こえてくる方向に影響を及ぼしているのである。また，鼻がつまっていると食事がおいしくないように，味覚は匂い（嗅覚）の影響を強く受けている。

2　刺激の強さと感覚の強さ

感覚受容器に刺激エネルギーを受けることで感覚が生じる。しかし刺激エネルギーが存在すれば常に感覚が生じるわけではない。感覚が生じるためには，一定のレベル以上の刺激強度が必要である。感覚が生じるかどうかの境目を刺激閾とよび，50%の確率で感覚が生じる刺激強度で表す。

刺激エネルギーが2倍になれば，感覚の強さも2倍になるわけではない。光の明るさや音の大きさでは，感覚の強さの変化は刺激の変化よりも鈍く，刺激強度が2倍になっても感覚の強さが2倍になったとは感じられない。一方，痛みの感覚ではわずかな刺激強度の変化でも大きな感覚強度の変化が感じられる。

感覚が生じる刺激強度であっても，同じ強度の刺激が変化なく与えられ続けると，感覚強度は次第に低下する。このような現象を感覚的順応という。入ったときに感じられた部屋の匂いが，数分もしないうちに感じられなくなったり，自分の体臭に気がつかないのも，感覚的順応によるものである。

また，蛍光灯や電球のような強い光源を直接見た後で，白い壁に目を移すと蛍光灯や電球の形が黒く見える。これを残像とよぶが，刺激がなくなっても感覚が持続する現象である。

3　対比と同化

赤と緑，黄と青といった補色関係にある色を並べるとより鮮やかに見える。図2−1のように，黒に囲まれた灰色はより明るく，白に囲まれた灰色はより暗く見える。性質が相反するような刺激が時・空間的に接近して提示されると，相反する性質が強調される現象を対比という。

一方，わずかに異なる比較的似たものの場合には，わずかな差が無視されて

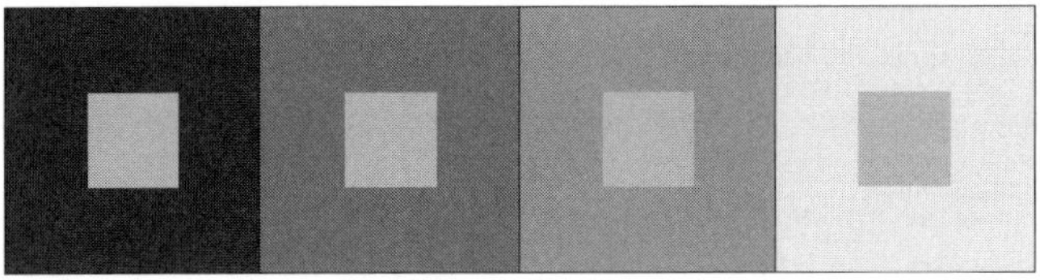

図2-1　明るさの対比（コーンスイートによる）

同じものとして感じられる。このような現象を同化という。

一定レベル以上の刺激の差異を強調し，それ以下の差異は無視することで，情報処理の効率化・省力化がはかられていると考えられる。

3節　見るということ：視知覚・視覚認知

ヒトでは視覚が発達している。ここでは，「見ること」から知覚や認知の働きについて説明する。

1　まとまりをつくる

図2−2は何に見えるだろうか。無意味な濃淡にしか見えないかもしれない。図の左半分に牛の顔がある。目と鼻を見つけられれば牛の顔が見えるだろう。一度，牛のすがたが見えると，もう牛の写真にしか見えない。決してわかりにくい写真ではない。さらに，牛のすがたは画像の他の領域とは分離して，手前に浮き上がったようにさえ見える。

視野の中からひとまとまりの領域を分離することが，ものを見るために必要である。先天性白内障などで生まれつき眼の不自由だった人が，成長後の手術によって視力を取り戻した場合，すぐにものを見分けられるわけではない。目に映る光景が目の奥に貼りついたように感じられたり，さまざまな色が視野中に乱雑にあるように見え，領域を分離することが困難であるという。

(1) 図と地

視野の中から分離されて浮かび上がって見える領域を図，その背景となる領域を地とよぶ。図が地と接する境界が輪郭であり，図と地の明るさの差によってつくられる。私たちの眼の神経細胞には，側抑制とよばれる明暗差を強調して輪郭をきわだたせる機構が備わっている。

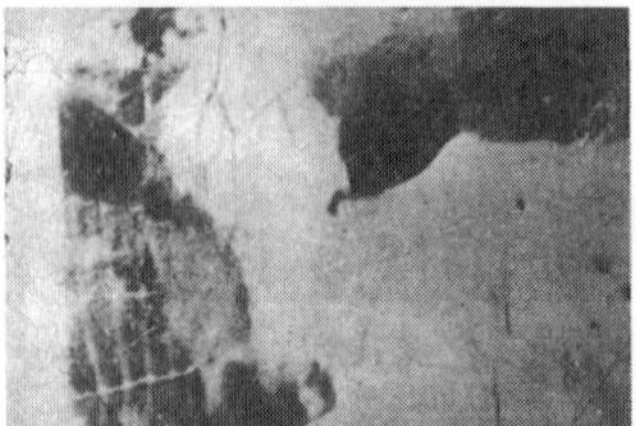

図2-2　何が写っている？
（ダーレンバッハによる）

図はモノとして知覚され，私たちの行動や注意の対象となる。地は図の背後にも続いているように知覚される。擬態やカモフラージュはこの図と地の分化を困難にすることで成立する。街頭では目立つ迷彩服も，木々の中では背景に埋もれて目立たなくなる。

図2-3　ルビンの杯

図2-4　意味的反転図形

図2−3は，図と地の関係が反転する図形である。白い部分が図となると黒い地の前に白い盃があるように見え，黒い部分が図となると白い地の前に黒い向かいあった横顔のシルエットが見える。図をしばらく見つめていると，図と地が反転して盃と横顔が交互に知覚される。

一方，図2−4の図形では図として見られる領域は同じであっても，図に対する意味づけの違いによって若い女性と老婆といった異なる対象が見える。この場合もしばらく図を見つめていると，対象が交互に反転して見える。私たちの情報処理系は変化を好むといえる。

(2) 群化の法則（ゲシュタルトの法則）

夜空に散らばる星々を星座にまとめるように，乱雑さの中にまとまりを見つけることができる。ヴェルトハイマーは，まとまりをつくり上げる規則を群化の法則としてまとめた。

①近接の要因：距離の近いもの同士はまとまって見える（図2−5 a）。

②類同の要因：同じまたは似ているもの同士はまとまって見える（図2−5 b）。

③閉合の要因：閉じた領域はまとまって見える（図2−5 c）。

④よい連続の要因：連続して見えるもの，なめらかに変化をするものがまとまって見える（図2−5 d）。

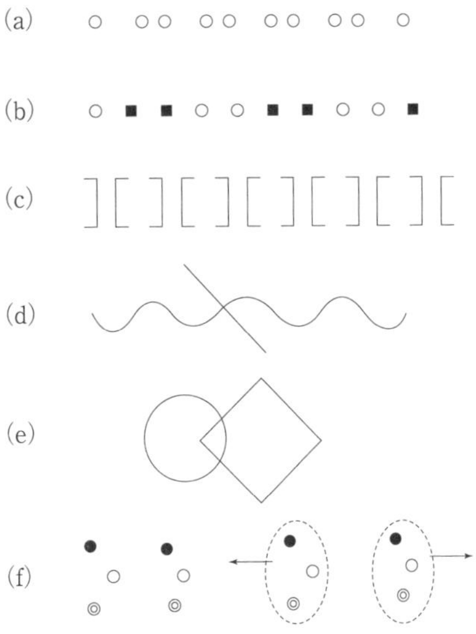

図2-5　群化の法則

⑤よい形の要因：簡潔性・規則性・対称性などの性質をもった形はまとまりやすい（図2−5e）。

⑥共通運命の要因：同じ方向に動くものはまとまって見える（図2−5f）。

2　錯視と主観的輪郭

刺激の強度と感覚の強度が同じではないのと同様に，刺激の物理的性質と知覚された性質がいつも同じとは限らない。図2−6のような幾何学的錯視は，物理的性質と知覚された性質が異なるものの代表例である。これらの図形を注意深く見ても，やはり錯視は生じる。錯視は単なる見まちがいではなく，私たちの知覚処理系の特徴を示したものと考えることができる。

物理的には輪郭が存在しないのに，輪郭が知覚されることがある。このような輪郭を主観的輪郭とよぶ。図2−7aでは，図形の真中に白い三角形が知覚され，主観的な輪郭によって図が分離されている。三角形の領域は，地の白い部分よりも少し明るく，浮き上がっているように見える。図2−7bでは，主観的な輪郭線によってポッゲンドルフ錯視が生じている。このことから，主観的輪郭現象は，輪郭があるような感じがするというものではなく，実際の輪郭線と同じ働きをもたらすものであることがわかる。

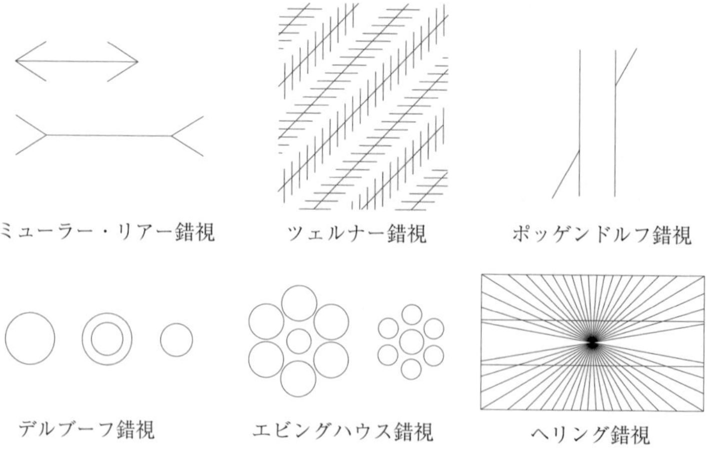

図2-6　幾何学的錯視図形

(a) カニッツァの三角形　(b) 主観的輪郭による幾何学的錯視

図 2-7　主観的輪郭

3　空間の広がりの知覚（奥行き知覚）

私たちが生活している世界は，奥行きをもった三次元の空間である。対象を見てそれが何であるかわかるだけでなく，対象までの距離や空間的な配置についても知る必要がある。しかし，視覚情報処理は眼の網膜に映った二次元像から始まる。どのようにして三次元空間の奥行きを知覚できるのであろうか。

(1) 眼の機能による奥行き知覚

①水晶体調節：眼球のレンズ（水晶体）は，近くのものを見るときには厚くなり，遠くのものを見るときには薄くなることで焦点を合わせる。2 m 以内の近くのものを見る場合には，水晶体の厚さを変化させる毛様体筋の緊張状態によって奥行を知覚することができる。

②両眼輻輳：注視する対象が 5 m ほどの距離の場合，対象までの距離に応じて，左右の眼球の視線が交わる角度が変化し，眼球を動かす筋肉の緊張状態も変化する。この筋肉の緊張によって奥行きを知覚することができる（図 2−8 a)。

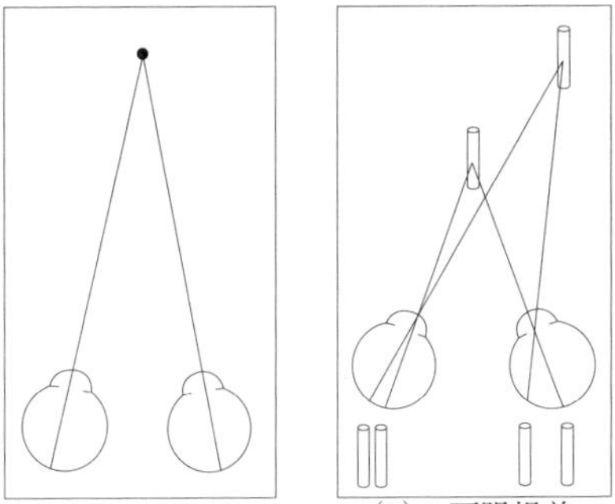

(a)　両眼輻輳　(b)　両眼視差

図 2-8　眼の機能による奥行き知覚
（カウフマンを改変）

③両眼視差：左右の眼が水平方向に離れて位置するため，左右の眼に映る像には多少の違いが生じる。この異なる像を脳で 1 つに融合する際に，奥行きが知覚される。3D 映画では，偏光フィルターなどを

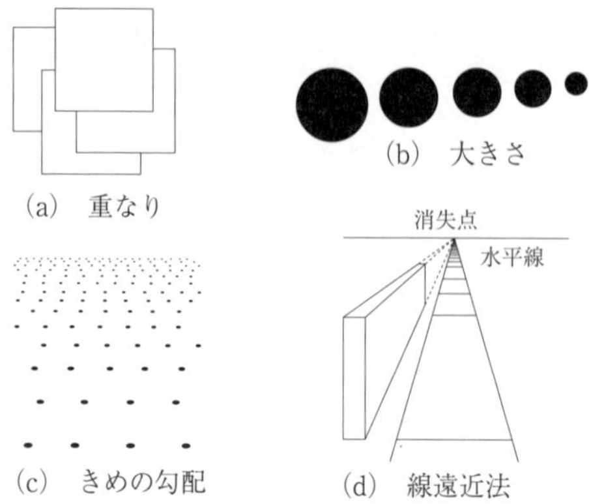

図 2-9 物理的情報による奥行き知覚

用いて，水平方向に少しズレた画像を左右の眼に別々に見せることで奥行きを生じさせている（図 2−8 b）。

(2) 物理的情報による奥行知覚

①重なり：2 つの対象が重なり合っている場合，上に重なっているものが手前にあると知覚される（図 2−9 a）。

②大きさ：対象の実際の大きさがわかっている場合，大きく見えるものは近くにあると感じられる（図 2−9 b）。

③きめの勾配：均質なきめ模様であっても，遠くにあれば密度が高く知覚される。きめの密度が高いものは遠くにあると感じられる（図 2−9 c）。

④線遠近法：まっすぐ続く平行な線路が，遠くでは一点に収束するような透視画的な配置によっても空間の広がりが感じられる（図 2−9 d）。

⑤大気遠近法：遠くにある対象は，空気中の微粒子による光の散乱のために淡い像になる。はっきり見えるものは近くに，淡く見えるものは遠くにあると感じられる。

⑥陰影のつき方：物体の陰影のつき方によって，立体感が生じる。

4 運動の知覚

私たちをとりまく多くの対象は動きを伴っている。動きを知覚できなければ，飛んでくるボールをつかむこともできないし，よけることもできない。

動きがあれば常に運動の知覚が生じるわけではない。時計の短針のようにゆっくり動くものでは運動は感じられない。飛行機のプロペラの回転のように速すぎる運動の場合は，運動が知覚されないか，逆方向の運動が知覚されることもある。

(1) 実際運動

動く対象では，時間の経過にしたがって網膜像が移動する。しかし，視線を移動させた場合にも風景の網膜像は移動するが，自分を取り囲む風景が動いたとは知覚されない。運動が知覚されるには，運動する対象と静止している対象とが同時に網膜上に存在することが必要である。視線を移動させた場合のように，視野内の対象すべてが同じように動く場合には，運動は知覚されない。また目の前をふいに何かが横切るような場合，その対象が何であるか認知できなくても動きを感じることがある。このように，対象が何であるかを認知する情報処理と運動を知覚する情報処理とは異なるものである。

(2) 誘導運動

雲の間の月を見ると，実際に動いているはずの雲が止まって見え，月が動いて見えることがある。このように，周囲の動きによって引き起こされる運動感を誘導運動とよぶ。

(3) 仮現運動

映画は何枚もの静止画を短い時間間隔で次々に提示したものであるのに，私たちは自然な動きを映画の中に見る。実際には動いていないものに，動きを感じる現象を仮現運動という。

5　知覚の恒常性

私たちが移動することで，対象との距離や位置関係は変化する。そのとき網膜に映る対象の像も変化するが，知覚される対象の見えはさほど大きく変化しない。対象そのものは変化していないのだから，安定して見えているほうが好ましい。このように対象が安定して見える傾向を知覚の恒常性とよぶ。

(1) 形の恒常性

テーブルの上のティーカップの縁の形は，真上から見ない限り楕円形であるが，私たちは円として知覚している。テレビや映画の画面も，斜めから見れば歪んでいるが，さほどの違和感もなく知覚される。

(2) 大きさの恒常性

対象の網膜像の大きさは，対象までの距離に反比例する。同じ身長の2人の人物が，5ｍと10ｍの距離に立っているとすれば，遠くの人に対する網膜像は近くの人の2分の1であるが，それほど小さくは感じられない。写真で人物が思ったよりも小さく写っていると感じるのは，大きさの恒常性によって撮影時に人物が大きく感じられたためである。

(3) 色の恒常性，明るさの恒常性

光源や照明条件が変化すれば，対象から反射する光も変化する。太陽光の下の赤い服と蛍光灯照明下の赤い服では，反射する光の波長は異なっているが，さほど色が変わったように感じられない。また反射する光の量が大きく変化しても，白い紙は明るいところでも薄暗いところでも白く感じられる。

6　視覚オブジェクトの認知

図として分離した対象が，何であるのかを知る働きが視覚オブジェクトの認知である。眼に映り，視覚処理された画像情報と脳内に蓄えられている記憶情報とが照合されて認知が成立すると考えられる。

文字のような単純なパターンでも字体はかぎりなくあり，三次元物体の場合には見る位置によって形状が異なる。多様な見えを個別に記憶しているとすると，1つの物体について非常に多くの記憶情報が必要となるため，このような記憶がなされているとは考えられない。見る位置（視点）に依存しないで物体中心の情報（構造記述）が記憶されているとする視点非依存アプローチと，物体のもっともそのものらしい典型的な見え方が記憶されており，脳内での変換処理によって異なる視点での認知がなされるとする視点依存アプローチがある。

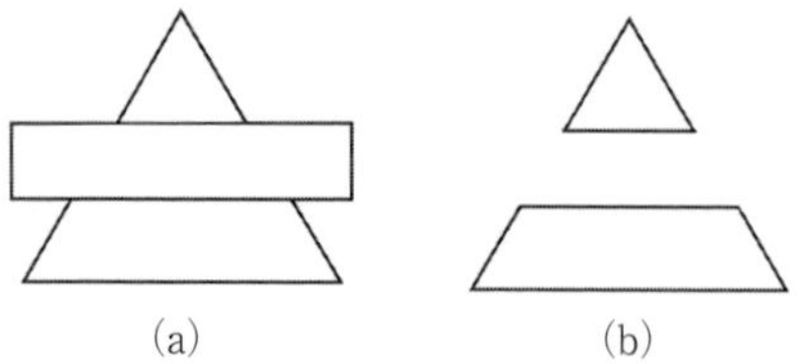

図 2-10　遮蔽された図形の見え

また，物体の形状のすべてが見えているとはかぎらず，このような問題についても解決する必要がある。図2−10ａのように対象が遮蔽されて見えるパターンでは背後の三角形が容易に認知され，図2−10ｂのよ

(^_^;)　(-_-;)　(^o^)　(^_^)

(>_<)　(T_T)　(@_@)

図2-11　顔文字の例

うな認知は生じにくい。

さらに認知においては文脈などの高次の情報も使われるため，同じ形状であっても文脈によって異なるものとして認知されることもある。

7　顔の認知

目や口といった部品の数は同じであり，形や大きさ・配置などもほぼ同じであることから，視覚パターンとしての顔は相互に類似したものといえる。しかし，私たちは容易に顔を識別することができる。一方，異なる人種の顔の識別や認知は同じ人種の顔に比べて困難である。このような現象を自人種優位効果とよぶが，接触経験の豊富さによって自人種の顔の識別・認知が容易になると考えられている。

顔からは，その人物が誰であるかが判断できるだけでなく，さまざまな情報を引き出すことができる。性別やおおまかな年齢がわかるだけでなく，顔に出る表情から相手の内的な状態が推測できる。顔文字は，文字記号によって顔を表現し，表情の微妙なニュアンスを相手に伝えようとするものである（図2−11）。さらに，誠実そう，頭がよさそうなどのパーソナリティや能力についても推測できる。このような情報は実際のパーソナリティや能力と必ずしも一致しないが，認知する側の判断の一致度はきわめて高い。顔から引き出されるこれらの情報は，私たちの対人行動の基礎となっている。

4節　主体的な要因の働き

1　注意

私たちの情報処理能力を有効に働かせるためには，知覚したすべての刺激を同じように処理するのではなく，重要な刺激を集中的に処理するといった処理能力の配分が必要である。重要な刺激を集中的に処理する働きが注意である。パーティ会場のように多くの人の話し声が聞こえる状況で，自分と会話している人の話に注意を向けるように，私たちは意識的に注意をはらう対象を選ぶことができる。一方，ふいに大きな音がしたり，稲光のような閃光が生じたりすると，音や光の方向へと自動的に注意が向く。このような反応を定位反応とよぶ。

まず視野の広い範囲に注意を広げて概略的な処理を行い，重要と思われる刺激があると，注意の範囲を狭めてその刺激に対して詳細な処理を行うというように，処理の仕方を切り替えることによって処理の効率化をはかっている。

2　主体的要因と認知

怖いと思っているとススキが幽霊に見えてしまうように，欲求，動機，価値，興味，過去の経験などの主体的な要因によっても認知は変化する。

一般に，個人にとって価値があるものや興味を引くものは，より大きく，よりはっきりしたものとして認知されやすい。また，価値や興味のある対象は，瞬間的に目にしただけでも何であるか認知できるのに対して，不快なものや興味のないものでは認知するためにより長い提示時間が必要である。

また，刺激が構造化されておらず多義的なものであるほど，それが何であるかを認知する際に主体的な要因が強く働く。インクのしみを見せて，それが何に見えるかを答えさせるロールシャッハ・テストのような投影法は，この性質を利用して主体を理解しようとするものである。

参考文献

横澤一彦　2010　視覚科学　勁草書房
三浦佳世　2007　知覚と感性の心理学（心理学入門コース 1）　岩波書店
行場次朗・箱田裕司（編著）　2014　新・知性と感性の心理——認知心理学最前線　福村出版

3章　記憶と思考の心理学

私たちは，記憶を頼りに過ごしている。たとえば，朝起きて顔を洗い，歯を磨くとき，どこに何があるか記憶しているので，とくに深く考えなくても，それらの動作をスムーズに行うことができる。少し考えてみれば，このような記憶を頼りに行っている行動がいかに多いか気づくであろう。また，私たちは，食堂に行けば今日の食事は何にしようかと考え，どれがおいしかったとか，量が多いのはどれかなどと考え，メニューを選択している。このように生活の中で，私たちはさまざまな問題に直面し，その解決に向けて思考している。本章では，この記憶と思考について心理学的な理解を深めていく。

1節　記憶の過程

1　記憶の3段階

私たちは，記憶したとか，覚えていると一言でいうが，その過程は単純に1つではない。たとえば，ある漢字を覚え，何日か後になって，その漢字を見て，読みを思い出したという場合を考えてみよう。

記憶は，その処理の過程から3つの段階に区分できる（図3－1）。第1の段階は符号化であり，漢字の形や漢字の読みを記憶する過程である。符号化では，目や耳から入ってきた感覚刺激がイメージや意味に変換され，記憶表象という形で貯蔵される。第2は貯蔵の段階である。いったん符号化された漢字は，その形や読みが記憶システムに保持される。この段階では，貯蔵された情報は

図3-1　記憶の3段階

一定時間保持され続けている。第3の段階は検索の段階である。漢字を見て読みや意味を思い出すとき，貯蔵されている多くの漢字情報から，漢字の形や意味を探し出して，この漢字の形は以前見たあの漢字と同じだと認識し，その意味や読みはこれだと思い出す。

この3つの段階のどれか1つでも失敗すれば，記憶は成立しない。たとえば，以前に学習した漢字を思い出せないとき，それは漢字の符号化に失敗したか（もともと漢字を適切に符号化しなかった），漢字の貯蔵に失敗したか（貯蔵しているつもりが失われた），その漢字の検索に失敗したか（記憶表象から探し出せなかった），そのいずれか1つ以上の段階で失敗しているのである。

2　記憶の3つの貯蔵庫

記憶の3つの段階は，すべての記憶場面で同じように機能しているのではない。アトキンソンとシフリンによれば，記憶過程は感覚記憶（1秒以内の記憶時間），短期記憶（20秒程度の記憶時間），長期記憶（数分から数年，あるいはそれ以上の長期間）の3つに区分される（図3−2）。

(1) 感覚記憶

私たちは，外界からの情報を感覚器官で受け取っている。感覚器官には，外界からの情報を短時間，一時的に保存する機能があり，それは感覚記憶とよばれている。感覚記憶は，視覚・聴覚など感覚様相ごとに存在すると考えられる。

感覚記憶には3つの特徴がある。第1に感覚器官が受け取っている大量の情報を貯蔵する。第2に感覚記憶は一時的であり，数百ミリ秒から長くても数秒の間に減衰する。第3の特徴は，感覚記憶に貯えられた情報のうち注意が向けられたわずかな情報だけが，次の記憶貯蔵庫である短期記憶に送られる。

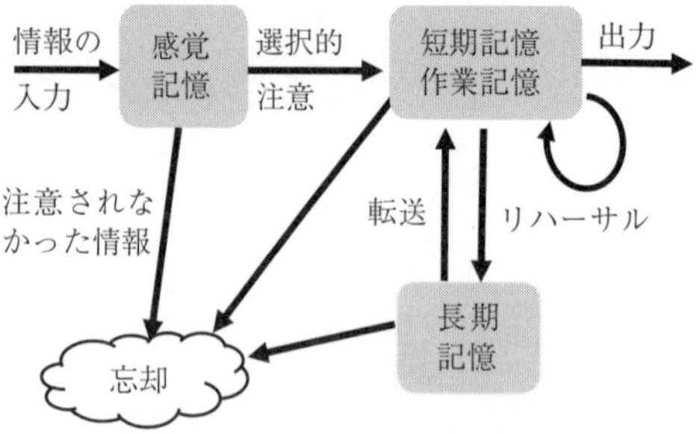

図3-2　3つの記憶貯蔵庫

(2) 短期記憶

たとえば，私たちは電話をかけるとき，電話番号を一時的に覚えてダイヤルする。しかし，電話が終わった頃には，もうその番号は忘れてしまっていることが多い。このような一時的に電話番号を覚えるときに使われるのが短期記憶である。短期記憶に一度に保持できる情報の量には限度があり，ミラーによると，だいたい7±2項目といわれている。この7という限界は，単に7個というのではなく，情報の意味のあるまとまり（チャンクとよばれる）が7つということである。短期記憶の情報は，何も操作が加えられないと，数秒から20秒程度しか保持されない。しかし，その情報をくりかえし声に出したり，心の中でくりかえしたりすれば，その操作を続けているかぎり情報は失われない。このような情報をくりかえすという操作はリハーサルとよばれている。

暗算をしたり推論を行ったりする際に用いられる記憶の機能に注目して，日常の活動を支えている短期記憶を作業記憶（ワーキングメモリー）とよぶ。作業記憶という概念では，会話，読書，計算，推理など種々の認知課題の遂行中に情報が操作され，変換される情報の処理機能が重視されている。作業記憶は学習，理解，思考にとって不可欠であると考えられている。

(3) 長期記憶

長期記憶に保持される情報の量には，ほとんど限界がないと考えられている。そして，一度長期記憶に貯蔵された情報は，ほぼ半永久的に保持される。長期記憶では，保持される情報は主に意味的情報の形式で表される場合が多く，整理された形で貯蔵されている。ここに保持されている情報は，ふだんは意識されることはなく，必要に応じて，検索されて短期記憶に転送され，思い出される。

長期記憶は貯蔵される情報の内容によって，宣言的記憶と手続的記憶に区分される。宣言的記憶とは，言葉によって説明できる事実や，ものに関する記憶である。たとえば，目の前に鉛筆がある場合，それが鉛筆であることを理解するときに使われる記憶である。一方，手続き的記憶とは，コンピュータを使うときの知識や言語を理解するときに使われる知識などの一連の手続きに関する記憶である。

宣言的記憶には，言葉によって記述できる事実に関する情報が貯蔵される。さらに，タルヴィングによると，宣言的記憶はエピソード記憶と意味記憶に区分できる。エピソード記憶とは「昨日，家族で動物園に行った」というような時間的，空間的文脈の中に位置づけられる個人的なエピソードを伴った記憶であり，意味記憶とは「水は水素と酸素でできている」といったような一般的な知識の記憶である。

2節　思考の過程

1　問題解決のための思考

(1) 問題解決の目標と過程

たとえば，のどが渇いてジュースの自動販売機の前にいるときにも「のどが渇いた」という初期状態から，「のどを潤す」という目標状態に向けて考えている。このようなとき，どう考えているかを意識していないかもしれないが，かならず到達すべき目標があり，問題の解決を試みている。つまり，問題解決とは初期状態（今ある状態）から目標状態（こうなればよい状態）に近づけていこうと考えることである。このような問題解決の手段として「試行錯誤」「アルゴリズム」「ヒューリスティクス」がある。

試行錯誤とは，問題を解決する方法がはっきりしていないとき，あれこれいろいろ試していく方法である。その際，思いついたやり方を試してみたり，ある程度，計画的・系統的に試してみたりする場合がある。どのような方法を採ったとしても，やってみないとわからないという面が試行錯誤にはある。

ソーンダイクは試行錯誤による学習を効果の法則とよぶ原理によって説明した。効果の法則とは，満足や快をもたらす行動は，以後同じ状況で再び起こりやすくなるというものであり，この考えはその後のS-R理論へと発展した。

私たちは，目標状態を実現するために必要な作業の手順を思い浮かべて問題解決を図ることがある。これをアルゴリズムとよぶ。このアルゴリズムの手順は，誰でもまったく同じ結果が得られるように詳しく述べられていなければならない。たとえば，これから飲むジュースを決めるとき，のどの渇き具合を把握し，これまでに飲んだ銘柄かどうか，今はどんな味を飲みたいと思っているか，カロリーも考え，自分の好みも加味し，どのジュースが一番自分の条件に合っているかを判断して決めるとしたら，この方法はアルゴリズムに近い方法である。しかし，日常的には，私たちはアルゴリズムで判断していない。すべてのことにアルゴリズムを立てて，すべての要素を考えて判断をしていたら，繁雑で実施が遅れてしまうからである。

私たちは通常は，限られた時間の中で受け入れられる最小限の「満足」を満たすように判断する。これをヒューリスティクスという。自動販売機で飲み物を決めるとき，並んでいる見本をざっと見て，これだと思ったものを選択する。たいていは，それである程度満足できる飲み物が飲める。日常場面での問題解決は，ヒューリスティクスを用いる場合が圧倒的に多い。

(2) 孵化（ふか）効果

問題を解こうとするが，1つの考えにとらわれて，問題が解けないことがある。そのようなとき考えるのをいったん中断し，しばらくしてから再び同じ問題に取り組むと意外と簡単に解決に至ることがある。このように，しばらく時間をおいて考えると答えが見つかることを孵化効果という。シルベイラは「安いネックレスの問題」を用いて，孵化効果を実証した。この課題は，「3つのリングからなる4本の鎖があり，リングを開けるのには2セント，閉めるのには3セントかかる。12個のリングをつないで1本のネックレスを15セント以内でつくる方法を考えよ」というものである（図3−3）。

シルベイラは実験参加者を3つの群に分けた。第1の群は30分間休みなく解答を考え続けた群で，30分間に正解したのは参加者の55%であった。第2の群では，途中に30分の休憩をはさみ，合計で30分間考えた群で64%の実験参加者が正解に達することができた。さらに，途中の休憩時間を4時間に延ばすと，85%もの実験参加者が問題を解決できた。つまり，問題を考える時間は3つの群で等しいにもかかわらず，休憩が長くなると正答者が増えたのである。休憩中に問題を解決するのを妨害していた情報が頭の中から取り除かれたことに加え，新たな視点で問題に取り組むことが可能になったという孵化効果がこの結果を生んでいると考えられている。

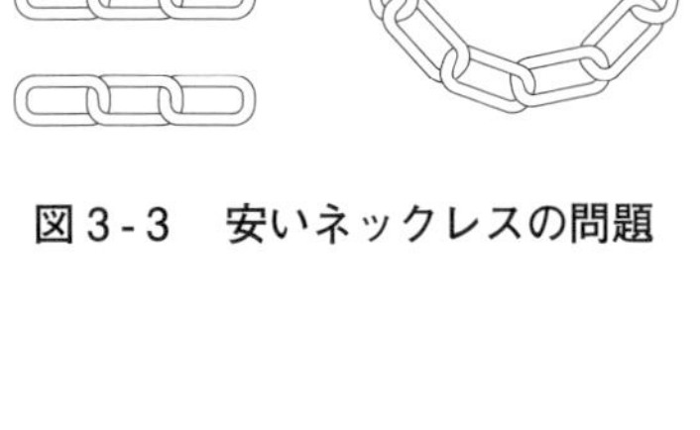

図3-3　安いネックレスの問題

2　演繹的推論

問題解決などの場面で，私たちの思考はしばしば推論に基づいている。推論とは「外界から与えられた事実に基づいて，新しい事柄を想起する過程」といえる。推論は演繹的推論と帰納的推論の2種に区別される。演繹的推論とは，ある仮説や主張から論理的に結論を導き出す推論であり，結論に真か偽が付与される。一方，帰納的推論は観察された事実に基づいてその原因や法則性を見いだしていく推論であり，その推論の確からしさの度合い，つまり確証度が付与されるものである。

(1) 三段論法とそのエラー

演繹的推論の典型的なものに「三段論法」がある。三段論法の歴史は古く，ギリシャ時代の哲学者アリストテレスによって整備された。三段論法では，「大前提」として法則から導き出される一般的な原理を設定し，目前の具体的な事実を「小前提」として，「結論」を導き出す。

次のような三段論法命題は正しいだろうか。

(1) すべてのフランス人はワインを飲む（大前提）

(2) いく人かのワインを飲む人はグルメである（小前提）

(3) だから，いく人かのフランス人はグルメである（結論）

この小前提が，常に図3−4 (a) のようになっているならば，この結論は正しい。しかし，図3−4 (b) のように小前提の「ワインを飲むグルメの人」の中にフランス人が入っていない可能性があるので，この3段論法は正しくない。

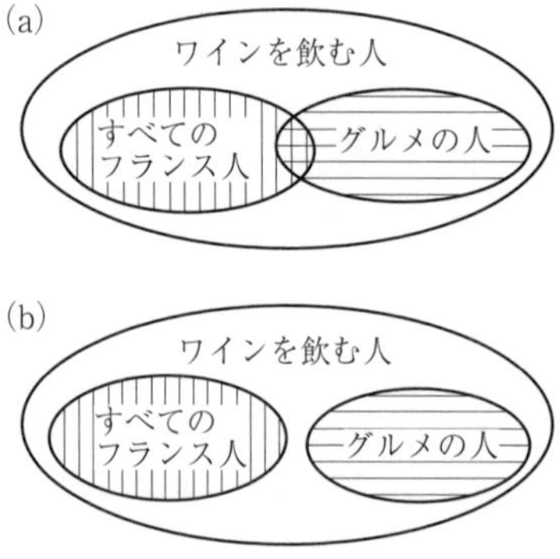

図3-4　三段論法の誤り

「ワインが好きな人はグルメだ」とか「フランス人はグルメだ」という信念をもっているために，図3−4 (a) のようになっていると思いこんでしまうのである。三段論法から導かれる結論が自分の信念に合わないものであったとき，自分が正しいと信じていることに基づいて，ある結論を受け入れたり，棄却したりすることがある。これは「信念バイア

(1) 4枚カード問題
右の4枚のカードには片面にアルファベット，もう片面には数字が書かれている。これらのカードについて次の規則がある。
規則：もしカードの片面にDが記されているならば，そのカードのもう片方の面には3が記されている。規則が正しいかどうか確かめるために，めくるべきカードはどれだろうか？

(a)	(b)	(c)	(d)
D	B	3	7

(2) 主題選択課題
任務遂行中の警察官だと想像しよう。あなたの任務は次の規則が守られているかを確認することである。
あなたの前のこれらのカードには，テーブルに着席している4人の人びとの情報が記されている。カードの片面には各人の年齢，反対の面にはその人が飲んでいるものが記されている。4人の人びとが規則を破っていないかどうか確認するのに，是非ともめくるべきだと思うカードを選べ。
規則：もしある人がビールを飲んでいるなら，その人は20歳以上でなければならならない。

(a)	(b)	(c)	(d)
ビール	コーラ	22	16

図3-5　4枚カード問題

ス」とよばれている。

(2) 4枚カード問題（条件的三段論法）

4枚カード問題は，演繹推論におけるバイアス研究としてよく知られている。この課題は，第1の前提に相当する「規則」と，結論命題を表すカードを提示し，それにどのような第2の前提を加えれば妥当な論証になるかを問うものである。この課題の創案者であるウェイソンが行った典型的な4枚カード問題の例（図3−5 (1)）を考えてみよう。

図3−5 (1) の正解はaとdであるが，ウェイソンによると，この問に正しく答えられた大学生は18%にすぎなかった。「7」をめくるということは，ルールに反するような証拠，すなわち反証を捜してみるということである。この実験結果は，人間が反証をうまく利用できないことを示しているとも解釈できる。いいかえれば，人間は確証ばかりに頼ろうとする傾向をもっているということになる。これは「確証バイアス」とよばれる。

ところで，この4枚カード問題が具体的な課題（図3−5(2)）になると，多くの人が正答（aとd）を答えられる。このような具体的課題で正答率が上昇することをウェイソンは「主題化効果」とよび，主題が具体的なので正答率が高くなると考えた。しかし，その後，具体性というよりは，規則・反例の過去経験の想起，つまり飲酒に関する領域固有の知識が使われたためとの考え方も示されている。

3　帰納的推論

個々の具体的な事例から一般化された仮説に導く推論を帰納的推論という。日常の思考パターンの多くは，演繹的思考ではなく，帰納的推論である。厳密な意味での演繹的推論には飛躍がない。しかし，帰納的推論にはたいてい飛躍がある。そのため，帰納的推論によって新発見がなされる可能性は高いが，誤った事実認識が生じる可能性も高くなる。

帰納的推論をグリノとサイモンは「原理・構造・法則を導く過程」と定義し，ジョンソン - レアードは演繹的推論と対比して「前提以上の情報を得る過程」と定義している。これらの定義に共通しているのは，観察された個々の事例から確からしい一般的な結論（法則や規則性など）を導く推理過程が考えられていることである。

(1)　帰納的推論のエラー

ところで，この帰納的推論はいつも正しいとはかぎらない。下に示した問題を考えてみよう。

> リンダは 31 歳，独身で，意見を率直にいい，また非常に聡明である。彼女は哲学を専攻していた。学生時代，彼女は差別や社会正義の問題に深く関心をもち，反核デモにも参加していた。彼女についてもっともありそうなのは？
>
> 1. リンダは銀行の出納係である。
> 2. リンダは銀行の出納係であり，フェミニスト運動の活動家である。

この問題は，2002 年にノーベル賞を受賞したカーネマンがトヴェルスキーと共同で行った研究で使われた問題であるが，回答者の 90% 近くが「銀行の出納係であり，フェミニスト運動の活動家」のほうを選択した。しかし，この「出納係でありかつフェミニスト活動家」は確率論的には誤りである。確率から考えるかぎり，「銀行の出納係であり，かつフェミニスト運動の活動家」である確率が「銀行の出納係」である確率を超えることはありえない（図 3－6）。

このようなエラーを「連言錯誤」という。リンダの性格や学生時代の行動についての記述に回答者が惑わされて，彼女は差別や社会正義の問題に深く関心をもっているからきっとフェミニストの運動家であるに違いないと帰納的に推論してしまうのである。このようにある事象がカテゴリーを見かけ上よく代表しているか否かに基づいて判断する直感的方略を「代表性ヒューリスティクス」という。

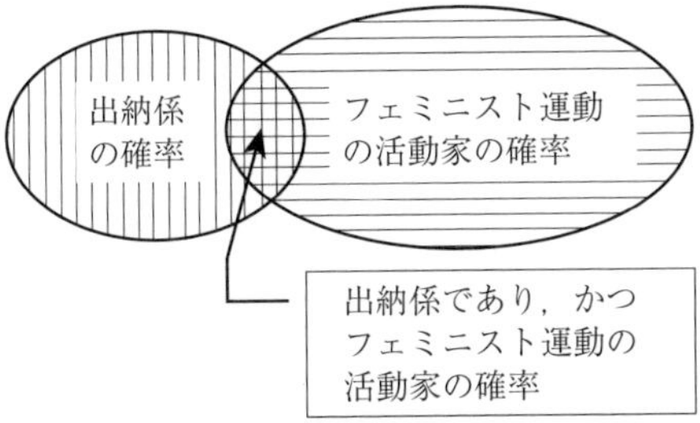

図 3-6　出納係の確率とフェミニスト活動家の確率

(2) 帰納的推論の過程とエラー

帰納的推論は，①事例獲得（事例情報を収集する段階），②仮説形成（事例情報に基づいて一般化を行い，仮説を形成（帰納）する段階），③仮説検証（仮説に基づく結論を観察事実に基づいて評価し，仮説を出すか，修正するか，棄却して新しい仮説を出すか決める段階）の3つの段階を経て形成される。

この帰納的推論の過程には，日常的にさまざまなエラーが起きやすい。ある事象の生起頻度を，それに当てはまる事例を記憶から取り出し，利用しやすさによって直感的に判断する「利用可能性ヒューリスティクス」による錯誤は，帰納的推論のすべての段階で生起する。演繹的推論のところで述べた確証バイアスも，帰納的推論のすべての段階でエラーを生じさせる。確証的な情報，つまり自説に有利だったり，自説を裏づけるような情報に過剰な信頼を寄せたりすることによって判断を誤ってしまうのである。

また，少数の事例や偏った事例で一般化してしまう「過剰一般化エラー」は，仮説形成の段階でのエラーである。実際には無関係な2つの出来事が関係しているかと錯覚したり，両者の間に実際よりも強い関係があると錯覚したりして，両者に因果関係があると誤って判断してしまう「共変因果関係の錯誤」は，仮説形成や仮説検証の段階でエラーを生起させる。

4　確率的推論

私たちは，よい結果が得られる見込みを素早く評価して，それに基づき日々たくさんの判断をしている。これを「確率的推論」とよぶ。確率的推論はどんな観点から推論を見るかによって，演繹推論なのか，帰納的推論なのかが左右される。たとえば，日常経験の中で経験したことから，その確率を推論するような場合には，帰納的推論であり，ある出来事の確率がはっきりしていて，それをもとに推論されるならば演繹的推論である。しかし，確率的推論の多くは帰納的推論である経験的なヒューリスティクスによって行われることが，カーネマンらの研究で明らかにされている。

(1) 確率的推論のエラー

カーネマンとトヴェルスキーは，各事例の生起確率について相対的に判断する場合，私たちは真の生起確率には注意を向けない傾向があることを指摘した。私たちはしばしば直観的に事例の典型性，代表性にとらわれて判断してしまう。彼らは，このような判断の方略を代表性ヒューリスティクスとよんでいる。代表性ヒューリスティクスによる判断は，多くの場合に正しく推論できるが，ごくたまにその罠にはまってしまう。

(2) 直観的確率判断の特徴

私たちは直観的な判断をしてしまうために，しばしば誤りを犯す。たとえば，飛行機事故が起こってたくさんの死者が出た直後は，飛行機に乗らないでおこうという人が出てくる。しかし，飛行機に乗って死亡事故に遭う確率は自動車で死亡事故が発生する確率の 30 分の 1 以下である。このように，印象的に記憶に残ったことのほうが多く発生すると確率判断してしまいがちである。

(3) 事前確率の無視とヒューリスティクス

確率判断の歪み（バイアス）について，トヴェルスキーとカーネマンは図 3-7(a)に示したタクシー問題によって検討した。その結果，大学生の回答者の多くが 80%と答えることが示された。しかし，図 3-7（b）に示したように，本当の確率は 41%である。これは，ベイズの定理として知られている確率の計算方法によって求められる。この結果を，カーネマンらは，ヒューリスティクスを使っているほうが日常的にはうまくいくので，ここでもそうした判断を使っていると説明した。

(a)

タクシー問題

ある町では，タクシーは緑色か青色で，全体の85％は緑，残りが青である。

この町でタクシーによるひき逃げ事件が起きた。目撃者がおり，「犯人は青タクシーだった」と証言した。この証言の信頼度を見るために，事件当時と同様の条件で，タクシーの色の区別をテストしたところ，80％の場合，正しく識別できることが証明された。本当に青タクシーがひき逃げをした確率はどの程度だろうか。

(b)

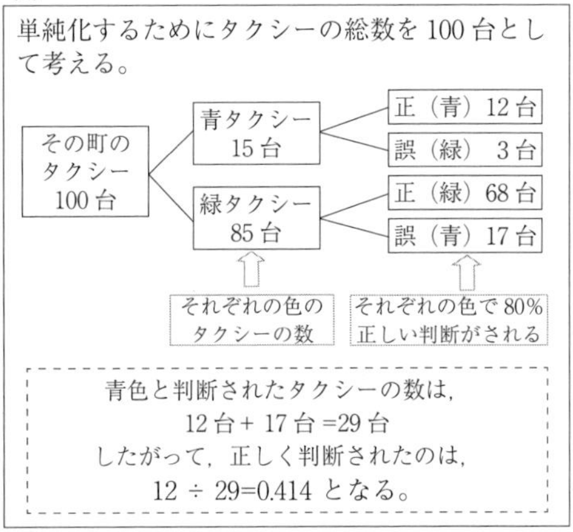
単純化するためにタクシーの総数を100台として考える。
その町のタクシー100台
青タクシー15台
緑タクシー85台
正（青）12台
誤（緑）3台
正（緑）68台
誤（青）17台
それぞれの色のタクシーの数
それぞれの色で80％正しい判断がされる
青色と判断されたタクシーの数は，
12台＋17台＝29台
したがって，正しく判断されたのは，
12 ÷ 29=0.414となる。

図3-7　タクシー問題

私たちは，日常的にヒューリスティクスを使って直観的確率判断をしている。大部分は，そのほうが上手く進んでいく。しかしときどき，上記に示したようなエラーを犯してしまう。したがって，ときにはその直観的判断が正しいのか疑ってみることも必要である。そして，図3−7（b）に示したように，具体的な数字を使って考えてみることで案外簡単に間違いに気づくこともできる。

5　創造的思考とはどのようなものか

何も音のないところから，音楽家は音楽をつくり出す。カラーテレビが生まれるはるか以前に，ある画家は小さな色の点の集まりを使って，色や形をつくり出した。私たち人間の文化は，創造的な思考がつくり出してきたものといえる。もちろん，私たちも日常生活の中で，さまざまな工夫を凝らし，新しい方法で日常の問題を解決することがある。これも創造的思考の産物である。

(1) 創造的思考の過程

創造的思考は，時間の経過に伴って創造的な活動がいくつかの段階を経て実現されていく。その過程の代表的な考え方にワラスの4段階説がある。ワラスは，創造的思考には，①準備期（課題解決への問題意識をもち，意識的な努力を行う時期），②孵化期（解決の目処が立たず，いったん解決を放棄するが，無意識的に問題にかかわっている時期)，③啓示期（何かが起こりそうだという予感とともに，突然のひらめきが訪れる時期)，④検証期（啓示で得られた洞察の現実的な吟味が行われる時期）の4つの段階があるとした。つまり，創造的な活動には，意識的活動状態と，無意識的活動状態やひらめきという過程が存在している。そして，とくに注目すべきことは「孵化期」の後に解決法が見いだされることである。つまり，創造的な発想は型にはまった思考様式から解放されて，休息や気分転換をはかっている間に生まれる。

(2) 創造的思考力を伸ばす

私たちは経験とともに知恵をつけていくが，同時にそれは経験や習慣などにとらわれて，頭を堅くしてしまう。ドゥンカーは，発想があるものや事象に対して通常の機能に固着してしまうことで，新しい発想ができなくなってしまい，収束的思考から拡散的思考への切り替えが難しくなることを機能的固着とよんでいる。

また，ある問題解決の方法に慣れてしまうと，問題を解くための一定の「構え」ができてしまって，収束的思考が自動的に働くようになり，拡散的思考の働きが抑制されてしまうこともある。創造性を高めるには，1つの考えにとらわれない柔軟な考え方，多様なものの考え方を心がける日常的な態度が重要だといえる。

参考文献

日本認知心理学会（監修） 楠見孝（編） 2010 思考と言語（現代の認知心理学 3） 北大路書房

箱田裕司・都築誉史・川畑秀明・萩原滋 2010 認知心理学（New Liberal Arts Selection） 有斐閣

日本認知心理学会（編） 2013 認知心理学ハンドブック 有斐閣

日本認知心理学会（監修） 太田信夫・厳島行雄（編） 2011 記憶と日常（現代の認知心理学 2） 北大路書房

太田信夫・多鹿秀継（編著） 2000 記憶研究の最前線 北大路書房

4章　学習の心理学

経験を重ねることで，できなかったことができるようになる，わからなかったことがわかるようになるという変化が生じることは，私たちが日常よく体験することである。学習の心理学では，このような変化を認知（こころのしくみ），行動，環境，生まれつき（生得性）というキーワードにそって理解する。

1節　学習とは

1　学習の意味

日常私たちが学習という言葉を使用するときのことを思い出してみよう。おそらく，学校などの教育場面において教科を学習したり社会のさまざまな場面で有用な知識や技術を学習するなど，何か積極的かつ組織的に価値のある知識，技能，行動様式などを獲得するために努力することを念頭におくことがふつうであろう。一方，心理学用語としての学習はそれよりも広い意味をもつ。この点についてさまざまな心理学者の定義に共通している考えをまとめると，次のようになる。すなわち，人間やその他の動物が環境に対して反応（または，くりかえし反応）する経験を通して，疲労や生理的ないし心身の基礎的なしくみの変化によっては説明できないような行動（または行動の可能性）の比較的永続的な変化が生じたとき，それを学習という。たとえば，ゲームを続けるうちに攻略法を身につけ得点アップしたり，一度イヌに襲われて以来イヌが大嫌いになったりするのも学習である。一方，ドーピングにより競技成績が向上しても，それは一時的な変化であり，学習とはいえない。このように心理学において，学習による変化はそれがよい習慣か悪い習慣なのか，役立つか役立たないのかという社会文化的な価値の有無は無関係とされてきた。

2　生得的行動と学習行動

人間や動物には，学習を必要としなくても本能や才能とよばれる能力に基づく生まれつき備わっている生得的な行動様式がある。しかし，生まれた当初の食事行動が食欲というきわめて生得的な要因を前提にしていながら，育つ社会文化的環境によって麺類を食べるときに音を立ててすするか音を立てずに口に運ぶかなどの相違へと分化されていく。これらの生得的行動と学習行動にはどのような関係があるのだろうか。

たとえば，中米コスタリカ周辺に生息するオナガセアオマイコドリは経験を積んだ雄鳥（アルファ雄）と若い雄鳥（ベータ雄）がコンビとなって行ういわゆる求愛ダンスで知られている。繁殖期になると雄鳥コンビはまずさえずりをくりかえし，関心をもった雌鳥が近づいてくると，一方の雄鳥が飛翔し相手の雄鳥を飛び越して枝上に再び降り立つ。他方の雄鳥は枝上を横移動して，相手が降り立つと同時に飛翔して相手を飛び越す。これをお手玉のようにくりかえす（図 4−1）。この行動の土台は枝の上を飛び移る生得的行動にある。ベータ雄は経験も少なく，他のコンビの求愛ダンスを観察したりしながら，新たなアルファ雄のもとにベータ雄としておさまって新たなコンビを形成する。新アルファ雄は数年ほどかけてベータ雄を訓練するかのように練習を重ね，交尾の目的を果たすまでに上達していく（動物の行動を説明する場合に擬人的な表現をできるだけ避けるのがふつうであるが，このコンビを師弟関係になぞらえることが多い)。

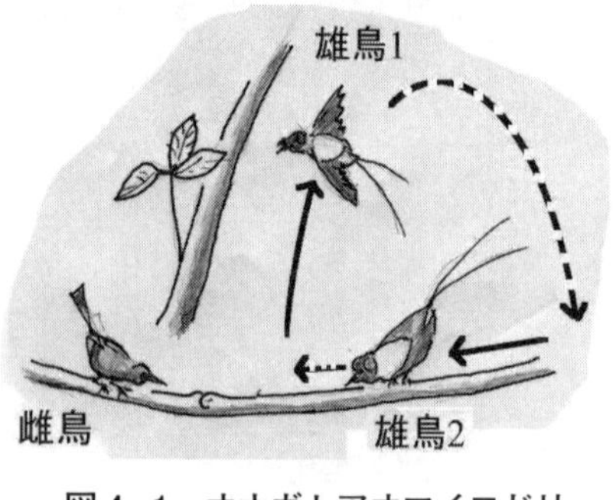

図 4-1　オナガセアオマイコドリの求愛ダンス

このように，環境への反応という経験のみで形成されたり変化したりすると思われる学習行動の背景にも，生得的な行動が土台として作用していることもあり，生得的な行動のみで複雑な行動を説明できない。

2節　学習のプロセス

1　学習の行動理論

私たち日本人がイヌを見たとき，それは感覚刺激となって中枢神経系に送られ，「イヌ」という観念と結びつく。英語を母語とする人であれば同じ感覚刺激に「dog」という観念が結びつくであろう。ただ，これらの感覚や観念は実証的に説明することがむずかしい。そこで，1900年代はじめ頃の科学的な心理学を求める風潮もかかわって，観察可能な行動の変化である刺激と反応の結びつき（連合）によって学習を説明する行動論的アプローチが提唱された。これを，刺激（stimulus）と反応（response）の頭文字をとって学習のS-R理論あるいは連合理論（連合説）ともよぶ。

(1) 条件反射と古典的条件づけ

条件反射は，ロシアの生理学者パヴロフがイヌの唾液分泌を研究する中で得た結果をもとに大脳生理学の研究法として提唱したものである。この考え方は，その後の学習の心理学の研究に大きな影響を与えた。

図4−2のような実験装置でエサとなる肉粉を与えてイヌの唾液分泌を研究していたパヴロフは，そのイヌが肉粉を口に入れる前から唾液を流している事実に気がついた。肉粉を運ぶエサ係の助手の足音を聞いただけで，唾液分泌が起こっていたのである。エサが口に入るという刺激に対する唾液分泌という反応は，一定の環境では無条件にその種に備わっている生得的反射である。そこでまず，ブザーの音が実験用のイヌの唾液分泌とは無関係な刺激であることを確認した上で，エサの肉粉を口に入れるときにブザーの音を聞かせ，エサという刺激とブザーという刺激を随伴する試行をくりかえした。その結果，イヌはブザーを聞いただけで唾液分泌を起こすようになったのである。この行動は，

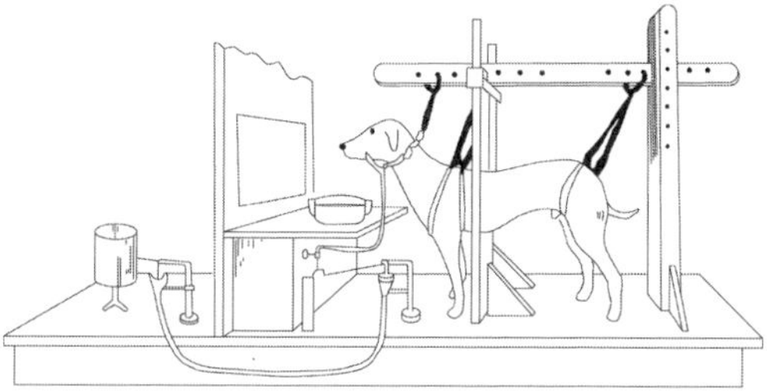

図4-2　パヴロフの実験

図 4-3　ワトソンらの白ネズミの実験

唾液分泌と本来無関係であるブザーが連合した反射である。パヴロフはこれを条件反射とよび，このような刺激と生得的反射を結びつける過程を条件づけとよんだ。パヴロフの条件づけをのちに古典的条件づけ，またはレスポンデント条件づけとよぶようになっている。

アメリカの心理学者ワトソンは，内観法という従来の方法を批判し，こころは非物質的であるがゆえに科学的な心理学研究の対象にならないと主張した。そして，観察可能な行動こそ唯一の適切な研究対象であるという行動主義を提唱した。ワトソンらは，生後 11 カ月のアルバート坊やが白ネズミを怖がる条件づけの実験を行った（図 4−3）。アルバート坊やが白ネズミに手を伸ばした瞬間に，大きな音を出して驚かせた。人間には，事故から生命を守るため，大きな音刺激に対して恐怖反応を示す生得的反射が備わっている。白ネズミは生来恐怖反応とは結びつかない刺激である。しかし，この試行をくりかえすうちに，アルバート坊やは白ネズミを見ただけで怖がるようになり，条件づけが成立した。さらに，白ネズミに類似した刺激（たとえば，白ひげ）にも，恐怖反応を起こすようになったのである。

(2) 試行錯誤説

アメリカの心理学者ソーンダイクは，動物の主体的な行動に注目して，学習の試行錯誤説を唱えた。動物は生理的に満足な状態では一般的に不活発であるが，空腹状態では活発に行動するようになる。そこでソーンダイクは，図 4−4 のようにペダルを踏んで掛け金をはずさないと外に出られない箱（問題箱）に空腹のネコを入れ，外にエサをおいて脱出までにかかる時間を測定した。最初，ネコは外に脱出したいため，やたらに動き回る。そのうち偶然ペダルに足がかかることによってやっと脱出に成功する。この試行をくりかえすうちに，脱出までに要する時間がだんだん短くなり，とうとうネコは問題箱に入れられるとすぐペダルを押して問題箱から脱出し，エサを手に入れられるようになった（図4−5）。ソーンダイクは，正しい反応のくりかえし（試行）と，食物という報酬（成功）とが結びついたという意味で，この過程を「試行と成功」とよんでいたが，のちの人がそれを「試行錯誤」とよぶようになったのである。また，ネコにとってペダルを踏むという行動が偶然とはいえエサの獲得という満足を伴っており，この満足という効果が問題箱という刺激条件でのペダル踏み行動を強めるという点から，ソーンダイクは効果の法則を導き出した。これは次に述べるオペラント条件づけへとつながる発見であった。

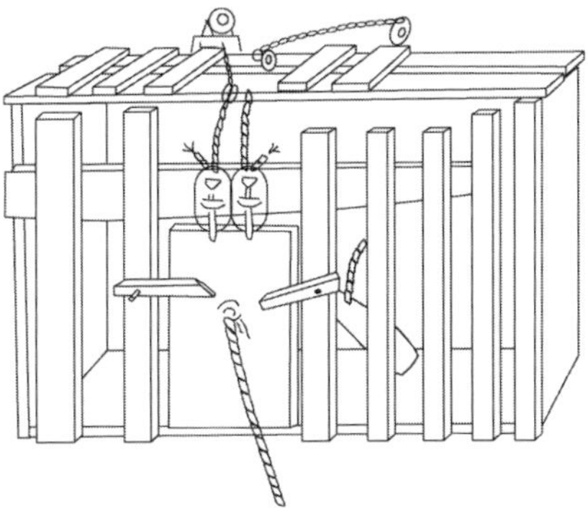

図4-4　ソーンダイクの問題箱

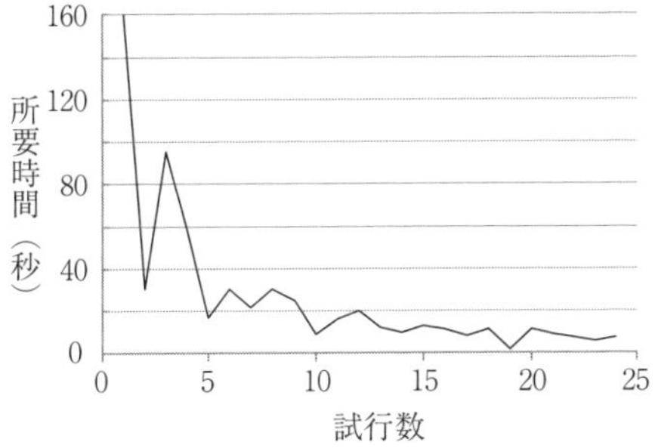

図4-5　ソーンダイクの学習曲線

(3) オペラント条件づけ

ソーンダイクが動物の主体的な行動を利用して学習の成立を説明したように，アメリカの心理学者スキナーも動物の自発的な行動（オペラント）に基づく条件づけの過程を実験で示した。のちに，この条件づけをオペラント条件づけとよぶようになった。スキナーは，問題箱（スキナー・ボックス）をつくり，ハトのキー突き行動の学習実験を行った。空腹のハトは箱の中に入れられるとさまざまな行動をする。そのうち偶然に壁に取り付けてあるキーを突っつくと，わずかな量のエサが穴から出てくる。ハトは引き続き羽ばたいたり，泣いたり，首を動かしたりと，さまざまな行動をするが，キーを突っつく行動以外ではエサを手に入れることができない。やがて，ハトはキー突き以外の行動を示さなくなり，ひたすらキーを突っつくようになる。すなわち，箱の中のキー刺激に対し突っつき反応が結びつけられたことを意味し，条件づけが成立したのである。エサが刺激と反応の結びつきを強化し，それ以外の結びつきは強化されずに消滅したと考えられる。一般に報酬などの形で満足をもたらす条件は正の強化，不快や苦痛を取り除くことで結果的に満足をもたらす条件は負の強化とよばれ，いずれも意図する行動の生起率が高まる。また，ねらいから逸脱した行動が生じたときに罰を与えることで，その行動を抑制することができる。しかし，スキナーは罰によってはねらった反応が強化されることはなく，むしろ罰の抑制効果は一時的なもので潜在的な行動可能性は残り続けると主張し，罰については否定的な見解を示した。オペラント条件づけは，ハトのキー突き反応が，本来動物のもつ生理的欲求を満足させるための道具となっているという意味で，道具的条件づけともよばれている。

2　学習の認知理論

刺激と反応の連合で学習を説明する立場に対して，学習を環境についての認知の変化であると考えるのが学習の認知理論（認知説）である。認知とは，こころの働きである知覚，判断，記憶，推論，言語などの外界の情報を取り入れ，こころの働きに合わせて処理変換し，それを蓄えたり他のこころの働きに利用するプロセスである。この認知というこころのプロセスに注目する考え方が学習の認知理論である。観察可能な刺激と反応の連合という部分部分をいくら組み合わせても，課題解決などの複雑な学習行動全体を説明することができないとするゲシュタルト心理学の流れに端を発し，1950 年代後半から盛んになった認知心理学の影響を受けて学習の認知理論は発展してきた。

(1) 潜在学習

学習の成立が条件づけや強化だけでは説明できない例がある。トールマンらは，ネズミを用いて潜在学習という現象を証明した。図 4−6 に示すような後戻りのできない迷路を準備し，出発箱に空腹のネズミを置く。ネズミは自発的にウロウロと行動する。食物箱を出口と考えたとき，この食物箱に報酬としてのエサが置いてあれば（B 群のネズミ），オペラント条件づけの考え方によって迷路脱出の学習が成立するはずである。15 日間の実験では，エサを置いた迷路の脱出がよく学習された。しかしエサを置かなかった場合（A 群のネズミ）では，ほとんど学習が成立しなかった。それでは，途中まではエサを置か

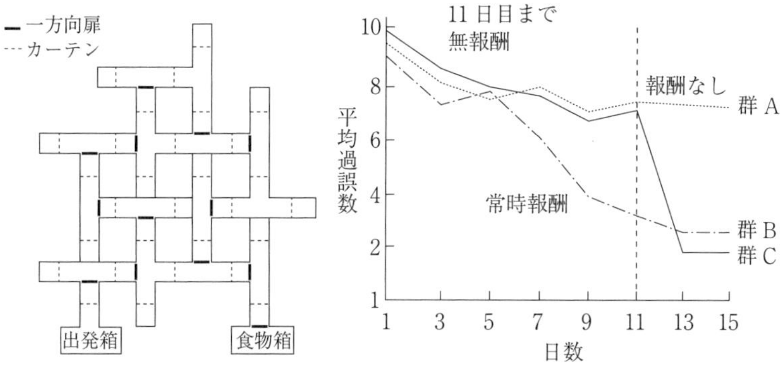

図4-6　潜在学習（トールマンとホンジックによる）

ずに，11日目から5日間エサを置いた場合（C群のネズミ），学習はどうなるだろうか。オペラント条件づけの考え方では，C群のネズミは，B群のネズミがたどった実験開始後5日間分の学習の進度をたどるはずである。ところがグラフ（図4−6）を見るかぎり，C群のネズミはあっという間にB群のネズミに追いついてしまったのである。トールマンは，C群のネズミに10日間エサを置かなかった状況でも，ネズミは迷路の脱出について学習が進んでいたが，それが実際の脱出行動として表面化しなかったからだと考え，それを「潜在学習」とよんだ。潜在学習によって，ネズミの頭の中に迷路の地図が形成されたというのである。トールマンは，これを「認知地図」と名づけた。迷路内のさまざまな刺激がエサのある場所を意味する記号となることから，彼はこれを記号—意味関係（S-S関係）とよんだ。トールマンは，刺激と反応の連合という枠内で説明できるのはきわめて単純化された微視的な行動であると主張し，学習の心理学が対象とすべきものは目的や見通しなどが関与するもっと巨視的な行動であるべきと考えた。そのような行動では，刺激と反応の連合を媒介するこころの内部的な認知プロセス（たとえば認知地図）を仮定することで説明が可能となるのである。その意味で，トールマンの潜在学習研究は行動理論と認知理論の橋渡しの役割を果たしているといえる。

(2) 洞察説

問題やクイズについてずっと考え続けていて，あるとき突然ふっと解決や解答を思いつくことがないだろうか。

ドイツの心理学者ケーラーは，このような学習を洞察学習とよんだ。彼は，類人猿を使った研究「類人猿の知恵試験」の中でさまざまな実験を紹介している。中でも，ズルタン（英語読みではスルタン）という名前のチンパンジーに対して行ったバナナのエサの取り方についての実験はよく知られている。たとえば，檻の外にエサのバナナを置き，2本の棒をズルタンに与え，どのようにバナナを手に入れるか観察する。棒は，1本だけではバナナに届かないが，継ぎ竿のように2本を連結するとバナナに届く長さになる。ズルタンは，最初2本の棒を別々に利用してバナナをたぐり寄せようとして失敗する。ところが，落ち込んだ様子をしていたズルタンが，突然「あ，わかった！」という表情を見せ，うまく2本の棒を連結してこの問題を解決したのである。しかも，一度成功した後，二度目からは失敗をせずに問題を解決できた。この学習過程は，試行錯誤説では説明できない。ズルタンは，自分の置かれた状況を見通し，その場面を頭の中で組み立てなおす「洞察」行為によって問題を解決したのである。ケーラーは，これを「場面の再体制化」や「認知構造の変換」という心理過程であると説明した。

3節　学習と社会・文化

1　生態系の中の学習

北海道のある動物園が実施した試みが大きな人気をよんだことはよく知られている。従来の展示の方法を変え，動物たちがふだん生活している環境に近い状況を設定したところ，それまで見たこともないような生き生きとした行動を示すようになった。たとえば，以前はホッキョクグマが歩き回ったり水浴びをする様子を来園者が柵越しに見下ろすだけだった。それを水族館の水槽のようにプールの水中の様子が見えるようにしたところ，ホッキョクグマからは観客の頭がちょうどエサのアザラシが水面から頭を出して浮かんでいるかのように見え，エサ（つまり観客）めがけてダイブしてくる様子が間近に観察できるようになったのである。動物園はこれを「生活展示」と名付けた。動物のこの変化はどう説明できるだろうか。

これまで見てきた学習の説明は，大半が実験室で得られた結果をもとに提唱されたり確かめられたりしたものであった。科学的な心理学では，動物も人間も同じ原理で学習を説明できるはずで，たとえどんなに人為的な刺激に対しても，反応を結合できると考えていた。ところが近年，人間や動物はふだん生活，棲息している環境（すなわち生態系）において，どんな刺激にも反応するわけではないという，当たり前の事実が注目されるようになってきた。むしろ，その生態系の中でとくに優れた反応を示す刺激があり，その意味において，先のホッキョクグマの例のように，人間や動物は生態系の中でもっとも有能であることがわかった。また，生態系の中のどういう刺激に選択的・効果的に反応するかは，動物の種によって生得的に決まっているという考えが生まれた。これを生物学的制約ないし学習準備性とよぶ。

2　生育環境としての社会と文化

人間が生活する生態系では言語の習得が非常に重要な意味をもつ。したがって人間は言語音声に対し生得的に反応するよう準備されて生まれてくると考えられる。たとえば，乳児が言語音のかたまり（言葉）を耳にしたとき，そのとき目にしたり触ったりしている対象全体の名称を指すと認知するよう生まれつき準備されているという。しかし，人間の学習は，生物学的制約や学習準備性という諸条件に単純に拘束されるだけではなく，社会や文化の条件を抜きに解明することはむずかしいのである。

（1）学習の状況理論

レイヴとウェンガーは学習の状況論を提唱し，正統的周辺参加という考えを導入した。それによると，学習とは状況の中に埋め込まれた共同活動に参加し主体的に役割を果たすことで，認知的・技能的に熟達化していく過程として成立する。学習者は社会文化的共同体において即戦力という名の一時的な人的資源の提供者としてではなく，まず正統的なメンバーではあるが初心者として実践的活動に参加する。最初から社会文化システム全体を統括するようなポジションにはなく，共同活動としては周辺的ではあるが，全体との関係を見通すことができ，失敗してもやり直しが可能な役割を分担する。先輩や師など熟達者との関係性を通して役割の専門性が次第に高まり，状況に応じた活動様式を学習し，周辺的参加から中枢的参加へと熟達者への歩を進めていくのである。

(2) 学習意欲と文化

学習の行動論では，刺激に対して望ましい反応を結合する学習の過程は，学習者本人の意欲はほとんど無関係に成立するという前提があった。やる気のあるイヌもないイヌも，等しくブザーの音に対して唾液分泌を結合させることができなければ理論として説明力がないとみなされたのである。

では，将来目標とする生活を実現するために，遊びたいのをこらえて学習する場面を例にしてみよう。ここには学習の意欲という課題が密接に関連している。目標とする生活という表現の中には，食べることに困らないという意味も含まれているだろう。つまり，学習の意欲の根底にはどんな人間にも備わっている（たとえば食欲という）生理的な欲求がある。けれども人間の学習意欲では，それら生理的欲求を充足する過程で培われてくる社会的欲求が大きな影響を与えているのであり，生理的欲求を充足する仕方は社会・文化と切り離すことができないのである。

4節　学習と記憶

「比較的永続的な行動の変容」であることが学習の根幹であった。それはつまり，一度成立した学習の内容が記憶され，必要に応じて想起されることを意味する。いわば学習と記憶はお互い裏表の関係にあるといえる。今日，その関係について大脳生理学や神経科学の分野での研究が進展してきた。

1　記憶の長期増強

脳において個々の神経細胞（ニューロン）はシナプスとよばれる接続部位を介して電気的信号により情報を伝達することで，ネットワークを形成している。シナプスでは2つの神経細胞の間にわずかな隙間が存在し，送り手の神経細胞から神経伝達物質が放出され，受け手の神経細胞にある受容体でキャッチされて信号が伝達されるしくみである。学習の過程で同じ経験を何度かくりかえすことにより，受容部分から送り手の神経細胞に向かってとげのような突起が伸びたり，受容体の数が増えたりするといった，受け手の神経細胞の受容部位に変化が起こる（図4−7)。これにより伝わる電気的信号の強度が高まったり持続的な信号伝達へと変化する。この状態を記憶の長期増強とよぶ。今日，遺伝子操作による実験でこの長期増強の現象が確かめられてきた。では学習によって記憶の長期増強を形成するにはどうしたらよいだろうか。その要因として考えられるものは以下のとおりである。

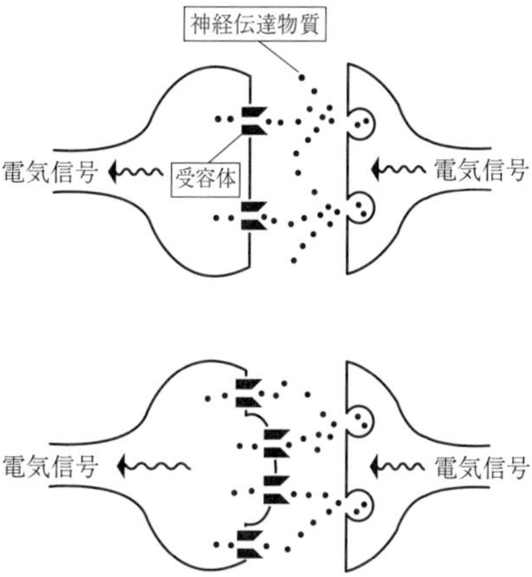

図4-7　シナプスにおける長期増強

2　長期増強の学習的要因

(1) 反復

エビングハウスは，複数の無意味単語を記憶させた後にどのような割合で忘却するかの実験を行った。それによると，記憶した直後はかなりの速度で忘却が進み，時間の経過とともにだんだんその速度がゆるやかになる結果となった。この様子をグラフにしたものが忘却曲線（図4−8）である。この忘却の傾向には大きな個人差はみられなかった。ところが一定間隔で同じ記憶課題を反復すると，次第に忘却の割合が少なくなり，最後にはほぼ定着することがわかった（図4−8)。反復（復唱・リハーサル）することで，その情報が生活上必須であると判断されるためと考えられている。

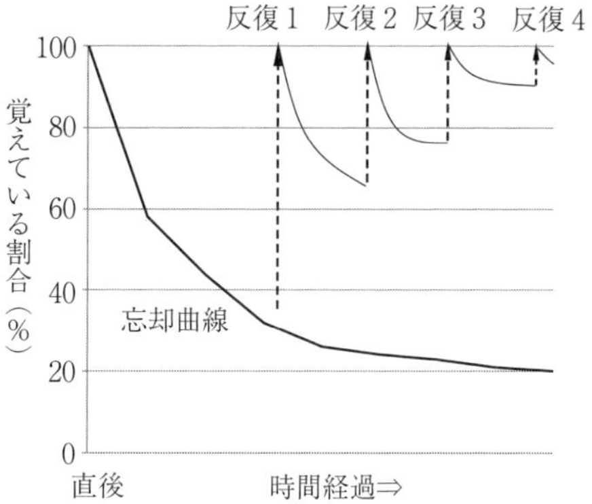

図4-8　忘却曲線と反復の効果

(2) 感情

かつて文字のなかった民族の中で，民族の歴史など重要な事項を年長者が少年に口頭伝承により記憶させた直後，少年を川に突き落としたといい伝えられている。今日でいう心的外傷後ストレス障害（PTSD）にも通じる現象である。これらは強い感情（恐怖など）を伴うと，記憶の長期増強が起こることを示唆している。発見した喜びや興奮，思わず好奇心が駆り立てられるような感情的経験を通して成立した学習は，記憶としてより定着しやすいといえる。

(3) 処理の水準

クレイクとロックハートは，人間の情報処理が表面的な水準（たとえば言語の音声処理）から高次の認知的活動を伴う水準（たとえば意味処理）へと段階的に深まっていくと提唱した。ブランスフォードは，15 個の互いに紛らわしい文（「ハゲの男が新聞を読んでいた」「ハラペコの男がネクタイを買った」など）を記憶させ，文をそのまま記憶する場合と，記憶すべき文にそれぞれ状況を推測させる情報を付加して記憶させた（「ハゲの男～＋カツラの広告を探していたから」「ハラペコの男～＋レストランに行くため」など）場合とを比較した。その結果，後者のほうがより高い再生率を示した。このように記憶すべき情報にその意味や状況についての情報を付加することを精緻化（エラボレーション）とよび，これにより記憶すべき情報の処理水準が深まるために記憶が定着すると考えられる。

参考文献

日本認知心理学会（監修） 市川伸一（編） 2010 発達と学習（現代の認知心理学 5） 北大路書房

鹿毛雅治 2013 学習意欲の理論――動機づけの教育心理学 金子書房

マッガウ，J. L.（著） 大石高生・久保田競（監訳） 2006 記憶と情動の脳科学――「忘れにくい記憶」の作られ方（ブルーバックス） 講談社

メイザー，J. E.（著） 磯博行・坂上貴之・川合伸幸（訳） 2008 メイザーの学習と行動〔第 3 版〕 二瓶社

山本豊 2008 学習・教育（キーワード心理学シリーズ 4） 新曜社

5章　発達の心理学

発達というと下のイラストのように，私たちの生涯における変化と考えられる。とても身近なテーマであるが，それゆえに気づかなかったことやあまり深く考えなかったこともあるだろう。本章を読むことで自身のこれまでの経験を振り返り，またこれから先の未来について考えてみよう。

図5-1　生涯における変化（イメージ）

1節　発達とは

発達とは私たち人間の時間的な経過とともに起こる変化のことである。コフカによると「有機体やその器官が，量において増大し，構造において精密化し，機能において有能化するとき，これを発達という」のように定義される。心理学では発達心理学とよばれる分野で主に研究されており，このコフカの言葉に表されるように，身体的にも精神的にもプラス方向の変化という意味合いで考えられてきた。赤ちゃんがだんだんと大きく（おとなに）なっていくことである。しかし，おとなになった後にもさまざまな変化が見られる。老化といわれるような加齢によるマイナス方向の変化（加齢による変化はマイナスだけではない）も注目されるようになり，生涯発達という視点で考えられるようになってきた。発達心理学（生涯発達心理学ともいう）は，人が生まれてからその生涯を閉じるまでの一生の間にどのような発達が起きるかを研究する分野である。

2節　発達のしくみ

一生の間に起こる身体的な変化と精神的な変化が発達であるが，それでは，その発達は実際にどのように起こるのだろうか。遺伝と環境の影響や，発達の原理について考えてみよう。

1　遺伝と環境

発達に影響を与える要因として，古くから「氏か育ちか」の問題が取り上げられてきた。生まれもった遺伝的な要素によって決まるという生得説と，生まれてからの経験や学習という要素で決まるという経験説である。ゲゼルによると，生得説では発達の発現は遺伝的に決められており，どんな環境でも一定の順序で起こるという。歩行の開始や性的な成熟などの，もともともっている機能が発現することである。これに対して，経験説はワトソンがいうように生まれてからの経験によって獲得する行動の変化である。たとえば，料理ができるようになる，自転車に乗れるようになるといった経験により発達的変化が起きるものである。生得説と経験説は，どちらも発達を説明するには偏りがあり不十分なものであった。この２つの説は対立していたが，現在では２つを統合して考える方向へ変わっている。

2　発達の順序性

発達の順序性とは，たとえば赤ちゃんが歩くためには，まず首がすわる，寝返りがうてる，１人で座っていられる，ハイハイ，つかまり立ち，歩くというように，どの人にも見られ，一定の順序で起きるものである。

3　発達の連続性

発達の連続性についても，歩行の例のように急にできるようになるわけでは

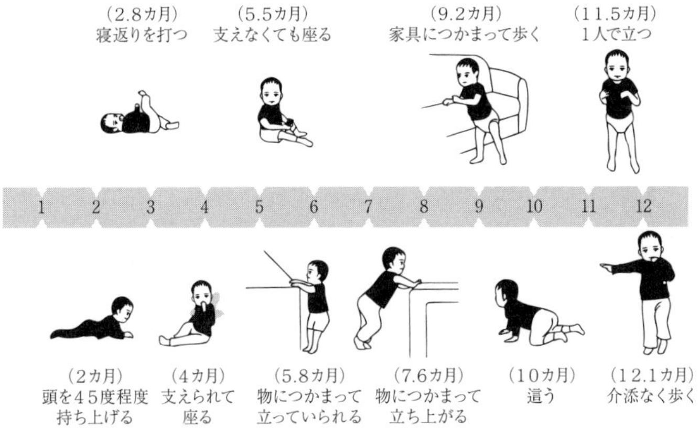

図5-2　歩行の発達（ゲリングとジンバルドによる）

なく，その前段階の行動ができてからという連続的な過程がある。少しずつ準備が進んだ結果として行動を獲得する。

4　発達の方向性

発達の方向性は，身体発達や運動の発達には「頭部から尾部へ」と「中心部から末梢部へ」の2つの方向がある。歩行に至る途中のハイハイは，腕や手までの発達は進んでいるが下半身はまだ膝までしか進んでいないということになる。これがつま先まで進まないと立ち上がることができないのである。

5　発達の個人差

発達の順序性，連続性，方向性などは多くの人に共通するが，発達の速度には個人差が見られる。同じ年齢であっても，平均よりも早い人もいれば，遅い人もいる。

6　発達の臨界期

臨界期とはある特定の期間にだけ習得が可能であり，その時期を過ぎると習得が困難になる時期のことである。比較行動学者のローレンツが発見した刻印づけ（インプリンティング，刷り込み）という現象がある。ひな鳥は孵化後，最初に見た動くものに追従行動を示す。これは孵化した後の限定された時期に生じ，この時期を逃すと成立しなくなる。臨界期は，鳥類だけではなく他の動物の行動発達にも適用できる（まったく同じわけではなく，期間や効果は異なる）。実際に人間で実験するわけにはいかないが，いくつかの国で発見された野生児の事例や，虐待（ネグレクトなど）を受けていた子どもたちの事例がある程度の方向性を与えてくれる。彼らの多くに，発育や発達の遅れが見られた。このことから，最適な時期に必要な刺激を経験することが人間の発達には重要だということが考えられる。

3節　発達の諸理論

発達がどのような現象で，どのように起きるのかをある程度理解したところで，現在の発達心理学に大きな影響を与えてきたピアジェ，ヴィゴツキー，エリクソンの理論を見ていこう。

1　ピアジェによる認知発達理論

ピアジェの認知発達理論は，知識やイメージ，思考をどのように獲得するかに注目したものである。ピアジェによると4つの認知発達の段階がある（表5−1）。だいたい2歳くらいまでを感覚運動期とよび，五感から感じられる情報をそのまま思考の対象とする時期である。外界にあるものを見たり触ったりと積極的にかかわって知識として獲得していく。ただし自分の感覚器官でとらえられな

表5-1　ピアジェの発達段階

段階	年齢	特徴
感覚運動期	だいたい2歳まで	感覚器官に頼った活動により自己と外界のものの区別をめざす。
前操作期	2〜6歳くらい	表象を獲得するが，まだ感覚運動期から抜けきれていないので，見た目にまどわされる。
具体的操作期	7〜12歳くらい	具体的なものであれば論理的に思考することができる。
形式的操作期	12歳以降	抽象的なものも論理的に思考することができる。仮説演繹的思考を身につける。

いものは考えることができない。たとえば，見えているものがあるとそれに対してなんらかの反応を示すが，何かで遮られて見えなくなってしまうと，そのものがなくなってしまったと感じ，反応が見られなくなるのである。

2～6歳くらいまでを前操作期とよび，ここでは表象（イメージする能力）を獲得する。感覚運動期では感じたものをそのままとらえていたが，イメージする能力を獲得したことでママゴトやごっこ遊びといった遊びが可能になる。たとえば，砂場などで器に砂を盛りつけてご飯に見立てるなどの行為が見られるようになる。この遊びはお互いにイメージする能力が身についていないと成立しない遊びである。前操作期ではまだ自然界の法則等をきちんと理解していない状態であり，粘土の形が変われば重さも変化してしまう，飲み物を形の異なる器に移し替えると飲み物の量が変化したと感じるなど，感覚的なとらえ方を優先しがちなので間違えることが多い。

7～12歳くらいを具体的操作期とよび，質量保存の法則や数の概念といった具体性のある事柄を論理的に考えられるようになる。

12歳以降の形式的操作期では，その場にないもの（抽象的なもの）についての思考が可能になる。また，「もし～ならば，～だろう」という仮説演繹的思考も可能になる。すなわち自分で仮説を立て，それを検証するという活動を行えるようになる。

2　ヴィゴツキーの発達理論

ヴィゴツキーの理論の特徴は，発達は周囲の環境との相互作用，つまり文化的な影響を受けるというものである。ピアジェの理論では，もともともっている能力がだんだんと開花していき，誰もが同じように発達が進むのだが，ヴィゴツキーの理論ではまわりからの働きかけ次第で順序や速度が異なるということである。子どもたちは日々の生活の中で積極的に自分たちの能力を獲得するが，そのためにはまわりのおとなたちとのやりとりが重要であると考えたのである。文化が異なれば，発達にも違いが表れる。

ヴィゴツキーは，子どもたちが問題を解決する上で現在の自分のもつ知識や能力で解決できる水準と，自力ではまだ解決できないが，まわりの自分よりも認知的に進んだ仲間もしくはおとなたちによるヒントや援助を得ることで解決

表 5-2　エリクソンの発達段階

発達段階	心理社会的発達課題	重要な対人関係
乳児期	信頼　対　不信	母親
幼児前期	自律性　対　恥，疑惑	養育者
幼児後期	積極性　対　罪悪感	家族
児童期	勤勉性　対　劣等感	近隣，学校
青年期	同一性　対　同一性拡散	仲間集団
成人前期	親密性　対　孤立	友情・異性・競争・協力の相手
成人期	生殖性　対　停滞性	分業と共同の家庭
老年期	統合　対　絶望	人類

できる水準があるとした。ヴィゴツキーは，この他者からの援助を受けることで解決できる水準を発達の最近接領域とよんだ。最初はできないことでも，周囲からの働きかけでだんだんとできるようになり，最終的には自分１人でもできるようになる。まさにこれが周囲との相互作用によって，次の水準へと発達するということである。

3　エリクソンによる心理社会的発達論

エリクソンは，社会的，文化的な相互作用の中でパーソナリティの発達が起こると考え，発達段階を８段階に分けた。各時期に発達課題を設定し（表5−2），この課題を乗り越え次の段階へ進むことで健全なパーソナリティが形成されるのである。各時期における発達課題は，その時期における個人的な欲求や葛藤と社会・文化からの制約や期待などであり，これらの課題を解決することで次の発達段階への準備ができたことになる。社会的，文化的相互作用の中で起こることなので，解決には周囲の仲間やおとなとのかかわりが大切になってくる。うまく解決できなかった場合は，発達が停滞することがある。

4節　発達段階の心理

発達心理学では，生まれてから死ぬまでの一生をある程度の区分に分け，それぞれの時期における発達の特徴や問題をとらえていくことが多い。またそれぞれの時期は，次の段階への準備期間と考えられている。この人生の区分を発達段階というが，これまでにも見てきたようにピアジェの発達段階（表5−1）やエリクソンの発達段階（表5−2），他にもハヴィガーストの発達段階などさまざまな段階が存在する。ここでは現在一般的にいわれている，胎児期，乳児期，幼児期，児童期，青年期，成人期，老年期の各段階における発達の特徴をとらえていくことで理解を深めたい。

1　胎児期

胎児期とは母親のおなかの中にいる時期である。そのスタートは卵子と精子が結合し受精卵となることである。この受精卵が細胞分裂をくりかえし，子宮内の内壁に着床する。着床から在胎8週までを胎芽期とよぶ。この胎芽期に，各臓器のもとがつくられ，人としての主要器官が形成されはじめる。またこの時期に母体を通して有害な物質の影響を受けることで，身体の形状的な異常が起こる可能性がある。なんらかの病気やけがの治療で行われる投薬，ウィルス感染，放射能のほか，もっと身近な飲酒や喫煙も影響する。在胎9週から出生までを胎児期とよぶ。胎児期に母体を通して有害な物質の影響を受けると，中枢神経系の発達に障害が起きる場合がある。胎芽期から人らしい形状に成長し，胎児期では手や足を動かすなど活動が見られるようになるが，身体的な活動だけではなく，母体の外からの光や音に反応しているような活動も観察されている。このことから五感も機能しはじめていることが考えられる。母体内にいる赤ちゃんに実験することはできないが，在胎22～37週の早産で出生した赤ちゃんたちに刺激を与えたところ反応しているという報告があるので，母親のおなかの中にいるときから音や光を感じているようである。

2　乳児期

出生後4週までの時期を新生児，その後1歳半頃までを乳児とよぶ。発達心理学の初期の研究では，人間の赤ちゃんは無能だととらえられていた。しかし，実際には胎児期の頃から感覚器官も機能しており，また行動的にも原始反射を備えて生まれている。原始反射とは出生後から，外部の刺激に対して自動的に行われる行動である（表5−3）。原始反射は生後3カ月から6カ月で消失する

表5-3　原始反射

名称	主な反応
吸啜反射	口を刺激されたら吸いつく動作をする。
口唇探索反射	唇のまわりを指などで触ると，指を追いかけるように顔を向け口を開く動作をする。
把握反射	手のひらを刺激すると，それをつかむ動作をする。
モロー反射	大きな音や光に対して，両手を伸ばし抱きつくような動作をする。
自動歩行	脇を支えもち上げると，歩くように足を動かす。
匍匐反射	うつ伏せに寝かせると，ハイハイするように手足を動かす。
バビンスキー反射	足の裏に触れると，足の裏や足の指を広げる動作をする。

といわれている。生まれて間もない頃はこういった反射が起きているが，自発的な運動も存在している。赤ちゃんなりに積極的に外界に働きかけて，生活しているということが見直されている。自分で身のまわりの何かをすることができないので，周囲にいるおとなに養育行動を行わせることで生活を送っている。そのため乳児期から周囲のおとなとの相互交渉を活発に行っている。多くの場合，養育行動が多いのは母親なので自然と母親との関係が深まっていく。これが今後の人間関係の形成の基礎になっているといわれている。エリクソンの発達段階（表5−2）でいえば，この時期に愛着を形成する必要がある。

3　幼児期

幼児期の身体的な発達は目覚ましいものがある。また身体的な発達とともに身のまわりのことを自分で行うようになる。基本的生活習慣（食事や衣服の着脱，排泄など）の確立が見られる。このときの失敗と成功が幼児期におけるエリクソンの発達課題となる。認知的な発達においてもさまざまな能力を獲得していく。ピアジェの発達段階でいう前操作期にあたり表象を獲得する時期である。言語の獲得を取り上げると，幼児期にいきなり話しはじめるわけではなく，乳児期からの準備がある。乳児期は泣くことで周囲のおとなとコミュニケーションを取ることが中心だが，生後２〜３カ月くらいから「アーアー」「ウーウー」という明らかに泣き声ではない喃語（なんご）を発声するようになる。これはとくに意味をもった言葉ではないが，言語の獲得の前段階といえる。このように赤ちゃんが新しい能力を獲得し発揮していくと周囲のおとなもうれしくなる。そして次の能力を身につけないかと（自分たちのことをよんでくれないかと：「ママ」「パパ」など）期待し，かかわり方も赤ちゃんに合わせて変わってくる。まわりとの相互作用により言語の獲得も進み，2～3歳くらいで使える単語がどんどん増えていく。4歳にもなればおとなと会話ができるくらいに言語の発達が進む。言語や基本的生活習慣が確立されるこの時期は，自我が芽生え，自己主張を始めるようになる。それまでは受け身的な生活であったのがここへきて自己主張するようになり，まわりのおとなのいうことをきかなくなる。第一反抗期とよばれる現象である。何か気に入らないことがあって反抗しているわけではなく，自我が芽生えたことによってまわりのおとなの主張と自分の主張がぶつかっているのである。

4　児童期

児童期はこれまでの生活環境が大きく変わる。すなわち小学校入学という大きなイベントが始まる時期である。家庭での遊び中心の生活から，自分と同じくらいの歳の子どもたちとの集団生活が1日の多くの時間を占めるようになる。学校での集団生活から，遊び・交流・衝突などを経験することで社会性を身につけていくことになる。児童期はだいたい小学校時代を指すため，6年間近くあるわけだが，これまでの時期に比べれば身体的な発達も認知的な発達も緩やかなものになる。ピアジェの発達段階では具体的操作期であり，数の概念や保存の概念が身についてくる。また幼児期までの特徴で自己中心性（自己と他者，主観と客観が未分化）があるが，集団生活を通じてこちらも発達していく。また，ギャング・エイジとよばれる仲間集団を形成する時期でもある。主に同性で構成され，集団におけるリーダーや集団内でのルールなども生まれる。こういった経験から急速に社会性を発達させていくようである。ちなみにギャングという言葉は反社会的な行動をとるというわけではなく，子どもたちで構成されるいたずら集団といった意味合いである。

5　青年期

青年期は，ルソーによると「第二の誕生」，レヴィンによると「境界人」，ゲーテによると「疾風怒濤」の時代と表現される。つまり人生の中でとても大きな変化がもたらされる時期と考えられている。発達段階でいうと児童期と成人期の間に位置し，子どもからおとなへと発達していく時期だといえる。

青年期の具体的な期間であるが，一般的に思春期とよばれる時期から20歳代中頃までを指すことが多い。思春期は何歳から始まるのだろうか。それは，第二次性徴が始まるときからである。第二次性徴とは生殖器の機能が発達することである（第一次性徴は胎児期に起こる男女の外形的な違いを表す発達である）。第二次性徴によって，男性はがっしりとした骨格，声変わりとのど仏の突出，体毛が生える，睾丸や陰茎の成長と精通の経験などが起きる。女性は皮下脂肪の増加，乳房のふくらみ，骨盤の拡大といった丸みを帯びた体型になる。また体毛が生え，月経の開始も起きる。このような大きな身体的変化を経験することになる。第二次性徴の始まる時期は，一般的に女性のほうが男性より２～３年早いといわれているが，個人差も非常に大きく，一概に何歳といいにくいものとなっている。また第二次性徴は年々早まっていることが確認されており，この現象を発達加速現象とよんでいる。原因として，生活様式の欧米化，物質的な豊かさ生活水準や栄養状態の向上など，さまざまな要因が考えられている。このように，青年期の開始は個人差が大きいので，この個人差が青年期の危機にも関係してくるのである。性の変化に戸惑い，他者と比較して成長が早いのか遅いのかを気にする。

青年期は，身体的な性の変化だけでなく，性役割（ジェンダー）についても思い悩むことになる。この自己の性役割を含めた「自分は何か」というような悩みをもつのが青年期の特徴でもある。「自分は何者か」「自分の進むべき道はどちらか」「自分はどうなりたいのか」「自分らしさとは何か」「自分の性について」というような自分らしさの自覚をアイデンティティといい，アイデンティティの確立こそが青年期の発達課題である。アイデンティティが拡散している状態が悪いというわけではないが，思い悩む期間が長いと，その分差し迫ったライフイベントへの対処に困ることになる。自分が将来何をしたいのか，何に向いているのかなどがわからない状態で，高校や大学進学，または就職といった決断は難しいことになる。このように自分のことがよくわからず模索していながらも時間が過ぎていくので青年期は悩み苦しみ，苛立つ時期ともいえる。そこから第二反抗期といわれるように周囲のおとなへの反発や問題行動という形で現れるかもしれない。

6　成人期

成人期は，社会に出てから社会の中で自身を位置づけていく時期である。青年期同様に仕事に就くタイミングにも個人差がある。多くの人の場合，高校・大学・短期大学・専門学校などの教育機関を卒業して就職するであろう。しかし，卒業した後に別の大学・短期大学・専門学校に入学することもある。大学院へ進学するという選択肢もある。就職しない・就職できないという状況もある。このように，今日ではさまざまなライフスタイルが認められる時代になったといえる。仕事に就く時期もさまざまなので，青年期の終わりと成人期の始まりも明確に何歳とはいいにくいため，ここでは20歳代の中頃ととらえることにする。

65歳頃までを成人期とよぶ。成人期ではこれまでの発達段階のような大きな身体的な変化はなく，精神的な変化も少ない。成人期では周囲の人間関係の変化が起こる。就職し仕事に就く場合は，職場での人間関係（上司や先輩，同僚，後輩）が続く。家庭での人間関係も変化することがある。結婚というライフイベントがあれば，人生を一緒に歩むパートナーとの人間関係は初めてのものになる。あるいは出産によってわが子との人間関係が生まれることもある。また自分の親との関係もある。これらの人間関係を円滑に築き上げ，問題が起きたときに解決していく経験を重ねることで自分の人格を磨いていくのである。

7　老年期

老年期の始まりは65歳頃である。日本は世界的に高齢大国である。平均寿命は80歳を超えており，100歳以上の人は5万人を超えている。経済的な社会の変化や医療技術の発達などにより，高齢者の人口比率が高くなっているため，65～74歳を前期高齢者，75～84歳を後期高齢者，85歳以上を晩期高齢者と分けて考えることもある。以前は老年期の年齢になると，仕事からも身を引き，成人期からゆっくりとであるが身体的な変化（加齢による衰退）もあり，老いて弱々しいというイメージがあった。しかし，現在は高齢社会といわれるように，元気な高齢者が増えている。以前のように若い人たちに世話をしてもらう存在ではなく，自活し，むしろ社会資源（働き手）として期待されるのが現在の高齢者の特徴である。社会構造も変わってきたので，若い世代との交流という意味でも高齢者の社会参加は意義のあるものといえよう。老年期は発達段階の最後である。エリクソンの発達課題でも，この時期が統合と絶望とあるように，やってくる死をどのように受け止めるかということが課題になっている。これまでの人生に満足していれば肯定的にとらえられ，何かやり残したことや悔いがあると死を受け入れがたいものと感じるようである。万人に等しく訪れる死であるからこそ，積極的に考えるテーマだといえる。

参考文献

藤田主一・齋藤雅英・宇部弘子（編著） 2013 新 発達と教育の心理学 福村出版
無藤隆・中坪史典・西山修（編著） 2010 発達心理学（新・プリマーズ / 保育 / 心理） ミネルヴァ書房
内田伸子（編著） 2002 発達心理学 放送大学教育振興会
佐伯素子・齊藤千鶴・目良秋子・眞榮城和美 2013 きほんの発達心理学 おうふう
川島一夫・渡辺弥生（編著） 2010 図で理解する発達——新しい発達心理学への招待 福村出版

6章　知能の心理学

人類は長い歴史の中で進化し，複雑な社会を築き，文明を発展させてきた。地球上における人類の繁栄の実現は，いうまでもなく人間特有の高度な知能によるものである。それでは，知能とは何なのだろうか。本章では，心理学における基本的な知能研究を概観することで，知能についての諸理論，遺伝と環境の影響，知能検査について考える。

1節　知能の定義

私たちは日々の生活の中で，知識が豊富な人，頭の回転が速い人，学力テストで高い点数を取る人，理路整然と話を進める人などを，「頭がよい」あるいは「知能が高い」と考える。また近年では，「人工知能」という言葉が普及し，人間の顔や表情や言葉を認識し，会話をすることができるロボットの開発や，コンピュータ上で人間とチェスや将棋を行う技術などが実現されている。このように，「知能」という言葉は，私たちの日常生活に広く浸透しているが，学術的にはどのようにとらえられているのであろうか。

心理学における知能の定義は，研究者間で一致していない。心理学者の知能に対する立場は，以下に大別される。(1)抽象的思考能力：ターマンやソーンダイクに代表される立場であり，具体的に経験した事実から抽象的な思考を行い，正しい問題解決を行う能力を知能ととらえる。(2)環境適応能力：ピントナーやシュテルンに代表される立場であり，知能とは新しい課題や環境に対して個人が思考し，適応していくことができるための能力であるとする。(3)学習能力：ディアボーンは，「知能とは学習する能力，あるいは経験によって獲得していく能力である」とした。この立場では，知能とは経験によってさまざまな知識や技術を得て，それらを保持していく能力であると考える。

このように，心理学者たちは知能を学術的に研究するため，各々の定義に則した知的能力を設定したが，それらの能力をより包括的にとらえた定義も存在する。ウェクスラーは「目的的に行動し，合理的に思考し，環境を効果的に処理する個人の総合的，全体的な能力である」とした。またアメリカ心理学会では，「知能とは学習する能力，学習によって獲得された知識および技能を新しい場面で利用する能力であり，また，獲得された知識によって選択的適応をすることである」としている。一方これらの立場とは一線を画するものとして，ボーリングの「知能とは，知能検査によって測定されたものである」とする操作主義的な定義もあげられる。

2節　知能の理論

これまで心理学者が行ってきた知能研究では，知能を構成するいくつかの要素の存在が議論されてきた。ここでは，心理学において提出されてきた代表的な知能の理論をあげよう。

1　2因子説

スピアマンは，因子分析という統計の分析手法を用いて知能の構造の理解を試みたところ，一般因子（g 因子）と特殊因子（s 因子）が見いだされた。図6−1に示されているように，一般因子は，さまざまな知的作業に共通する一般的な知的能力である。一方，特殊因子とは，一般因子のみでは説明できない能力であり，読み，書き，計算，音楽など各検査で要求される特有の能力である。この特殊因子が存在することで，個人のもつ知的能力の差異が説明できる。

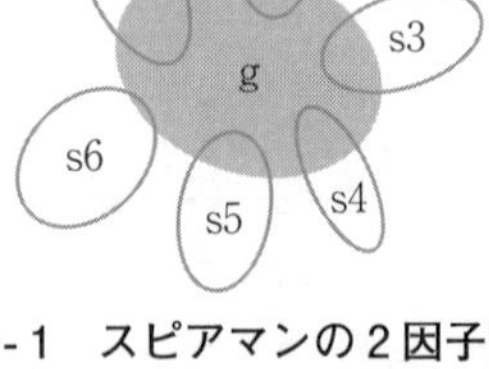

図6-1　スピアマンの2因子説

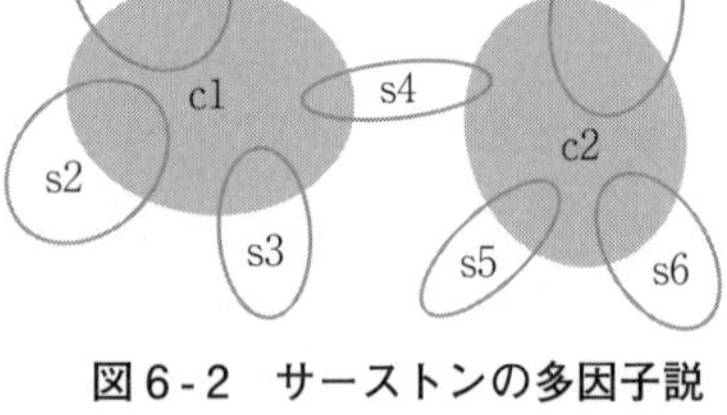

図6-2　サーストンの多因子説

この2因子説では，知能が一般と特殊といった2つの因子でシンプルに構成されている点が特徴的である。

2　多因子説

2因子説が提出された後，サーストンは知能の多重性を重視した多因子説を唱えた。サーストンが大学生を対象に検査を行った結果，7つの異なる群因子が設定され，それらは知能を構成する等しく重要な「基本的精神能力」とよばれた。すなわち，(1)数因子（N），(2)語の流暢さ（W），(3)言語因子（V），(4)記憶因子（M），(5)推理因子（R），(6)空間因子（S），(7)知覚速度（P）である。図6−2は，多因子説における群因子（c因子）が，特殊因子（s因子）のいくつかに共通して作用することを示している。

3　流動性知能と結晶性知能

キャッテルは，知能を「流動性知能」と「結晶性知能」に分類した。流動性知能とは，新しい環境に対して適応し問題解決を行うことのできる能力である。一方結晶性知能とは，環境や文化の影響を受け，過去の経験や学習を通して積み重ねられてきた知識や判断力や習慣である。流動性知能は，成熟後加齢の影響を受けゆるやかに低下していくが，結晶性知能はその影響を受けないとされる（図6−3)。前述のサーストンの基本的精神能力では，語の流暢さと空間は流動性知能に該当し，言語，数，推理は結晶性知能に当てはまる。

図6-3　加齢と知能の関係（ホーンによる）

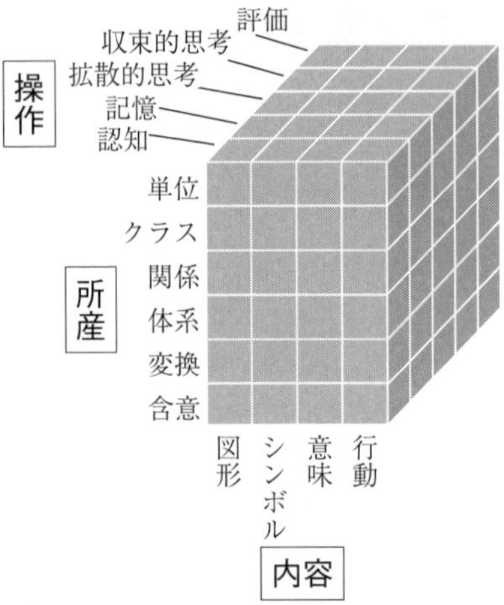

図6-4　ギルフォードの知能構造モデル

4　知能構造モデル

ギルフォードは，知能を三次元構造としてとらえ，図6−4に示すモデルを考案した。1つ目の次元は「内容」であり，処理する情報の種類によって図形・シンボル・意味・行動に分けられる。2つ目は「操作」の次元で，情報に対して行う操作によって評価・収束的思考・拡散的思考・記憶・認知で構成されている。3つ目は「所産」で，これはどのような情報が伝達されるかの違いであり，単位・クラス・関係・体系・変換・含意に分かれる。これらの次元の組み合わせにより，120の因子が設定されることになる。

5　鼎立（ていりつ）理論

鼎立理論は，スタンバーグによって示された比較的新しい知能理論である。鼎立理論は「コンポーネント理論」「経験理論」「文脈理論」の三本柱で構成される。コンポーネント理論は，知的活動の構造にかかわるもので，前述の流動性知能と結晶性知能の理論に分けられる。経験理論は，これまで経験したことのない状況や課題に対し適切に対処する能力の理論と，自動的に情報処理を行う能力の理論に分かれる。文脈理論は，社会的文脈において知的活動がどのように規定されるかに関する理論であり，実用的知能と社会的知能の理論に二分される。他者を理解し，適切な関係を築く能力である社会的知能は，近年，こころの理論とともに研究上の関心が集まっている。このように，鼎立理論は3つの理論とその下位理論から構成される階層的な構造をもつ理論体系である。

6　多重知能理論

ガードナーは，知能とは知能指数で表されるような単一のものではなく，複数の知能が独立して存在していると考えた。そこでガードナーは多重知能理論を展開し，(1)言語的知能，(2)論理・数学的知能，(3)空間的知能，(4)音楽的知能，(5)身体・運動的知能，(6)対人的知能，(7)内的知能，(8)博物的知能の８つの知能を仮定した。この理論では，前述のサーストンの多因子説とは異なり，８つの知能がモジュール的に独立して発達し機能するとしている。人間は，それらの知能のいくつかが優れていることにより，作家，数学者，音楽家，スポーツ選手などさまざまな職業に関連する仕事を遂行することができると考えられる。この理論は，音楽的，身体・運動的，内省的，対人的，博物的など，これまではあまり扱われていなかった知的能力を設定した点で，従来の知能理論とは大きく異なるものである。しかし，この理論についてはすべてが実証されているわけではなく，今後も継続的な議論が望まれる。

3節　遺伝と環境

人間の知能は，生まれながらにして遺伝的に決められているものなのだろうか。それとも，生まれた後に環境の中でさまざまな経験を積み，学習することで規定されるものなのだろうか。この問題を解明するため，以下の研究が行われた。

1　家系研究

家系研究は，行動遺伝学的研究の１つであり，特定の形質がどの程度遺伝的に出現するのかを血縁関係の人びとの間で調べるものである。ゴダードによると，上流階級の健常な女性と知的障害の女性の間に子どもをもうけたカリカックの一族では，前者の子孫では優秀な人物を輩出していたが，後者では知的障害の人物が多かったと主張した。またダグデールは，ジューク家の家系を遡って調べたところ，その一族の中に非常に多くの割合で犯罪者が存在していたことがわかった。しかし，これらの家系研究は，家族の成員が共有する環境の影響を分離できていない点が問題であり，知能やその他の形質が遺伝の影響のみで決定されると考えるのは早計である。

2　双生児研究

知能の遺伝的影響を検討するため，一卵性双生児および二卵性双生児を対象とした研究も行われた。一卵性双生児の遺伝的条件はまったく等しいが，二卵性双生児は遺伝的には一卵性の半分の類似性をもつ。生育環境がまったく同じであると仮定し，一卵性双生児間の知能の類似性が二卵性双生児間よりも高い場合，遺伝的影響を示すことになる。また，異なる生育環境をもつ一卵性双生児間の類似性も併せて比較することで，家系研究において批判された共有環境の影響をより詳細に検討することが可能となる。当時の双生児研究においては，双生児間の知能の類似性を示す指標として，多くの場合「相関係数」が用いられていた。相関係数とは，2つの変数間の関係性を示す統計的指標である。その値は−1から1の範囲で表され，絶対値が大きければ関係性が高いとされる。その値が正の数を示す場合には，「一方の値が高ければ，もう一方も高くなる」という関係であり，負の場合はそれが逆の関係であることを示す。

ボーチャードとマックギーは，111本の論文のデータから，家族構成員の知能の類似性について検討した（表6−1）。その結果，同じ生育環境であった一卵性双生児間の相関の重みづけ平均は0.86と高い数値を示し，異なった生育環境の場合は0.72であった。また，生育環境が同じ二卵性双生児間で0.6で

表6-1　親族間の知能指数の相関（ボーチャードとマックギーによる）

関係	相関の重みづけ平均	関係	相関の重みづけ平均
一卵性双生児		片親と子ども	
生育環境・同	0.86	同居	0.42
生育環境・異	0.72	別居	0.22
二卵性双生児		片親が同じ兄弟姉妹	0.31
生育環境・同	0.6	いとこ	0.15
兄弟姉妹		血縁のない兄弟姉妹	
生育環境・同	0.47	養子／実子のペア	0.29
生育環境・異	0.24	養子／養子のペア	0.34
両親の平均と子どもの平均　同居	0.72	養父母の平均−子ども	0.24
両親の平均と子ども　同居	0.5	養父（母）−子ども	0.19
		同系交配	0.33

あった。このことから，知能に対する遺伝的影響は確かに存在すると解釈できる。しかし，この数字の解釈には，双生児に特有の生育環境や心理的特徴があることも考慮されるべきである。

3　遺伝と環境の相互作用説

以上のように，人間の知能には一定の遺伝的影響が存在していることがわかる。しかし，行動主義心理学，野生児研究などの成果から，生後どのような環境で生活をするのかといった環境要因もまた，少なからず知能に影響を与えていると考えられる。

ヘッブは知能を，知的能力の発達の生得的潜在力に関するものとしての「知能A」と，人間が成長後その認知機能が観察できるようになったときのAの発達レベルに関するものである「知能B」とに分けて考えることを提唱した。知能Aは測定不可能であるため，現在の知能検査の結果は知能Bのサンプルを表していると解釈される。このように，知能の規定要因を説明する学説は，遺伝あるいは環境のみで知能が決定されると考える孤立要因説から，両要因が相互作用することで知能が形成されると考える相互作用説へ変遷している。

4節　知能検査

人間の知的能力は，どのように測定されているのであろうか。心理学の歴史の中では，知能を客観的に測定することをめざしてさまざまな研究が行われ，現在に至っている。以下に，代表的な知能検査，知能指数，そして知能検査がもたらす社会的問題と知能研究の今後について述べる。

1　ビネー式知能検査

実用的な知能検査を世界で初めて開発したのは，フランスの心理学者ビネーである。1905年，ビネーは医師シモンの協力のもと，ビネー・シモン式知能検査を作成した。当時，フランス政府が全児童就学制度を採用したため，通常教育を受けることのできる子どもと，障害等によりそれを受けることのできない子どもを客観的に選別し，それぞれに適切な教育活動を行う必要があった。

表 6-2　田中ビネー知能検査Ⅴ（成人級）の構成

結晶性問題	流動性問題	記憶問題	論理推理問題	
抽象語 概念の共通点 文の構成 ことわざの解釈 概念の区別	積木の立体構成 マトリックス	語の記憶（無意味綴り） 場面の記憶（エピソード記憶） 数の順唱 数の逆唱	関係推理	順番 時間 ネットワーク 種目
			数量の推理	工夫 木の伸び

そのため，ビネーは知能検査の開発に着手したのである。ビネーの知能検査は，学校教育場面での使用を想定し，言語能力が重視された検査であった。この知能検査では，「精神年齢（MA）」とよばれる知能の発達の程度を表す指標が用いられた。すなわち，各年齢においてその年齢の子どもであれば標準的に解くことのできる問題を設定し，その問題を解答できた子どもは，その精神年齢となる。そのため，知能の発達が進んでいる子どもは実年齢より高い精神年齢を示し，逆の場合低い値を示すことになる。

ビネーの知能検査はその後アメリカへ渡り，1916 年ターマンによりスタンフォード・ビネー知能検査がつくられた。ここでは知能指数が初めて採用され，後に世界中に広まっていった。日本では，鈴木治太郎によって鈴木ビネー知能検査（1930 年），田中寛一によって田中ビネー知能検査（1947 年）が作成された。2003 年には，第 5 版の田中ビネー知能検査Ⅴが発行された。この改訂では，成人級問題の再構成が行われ，14 歳以上に対しては従来の知能指数ではなく偏差知能指数が採用されている。田中ビネー式知能検査Ⅴの構成は表 6−2 に示した。

2　ウェクスラー式知能検査

ビネーの知能検査はその開発当初の目的から，子どもを対象とするものであった。一方アメリカのベルビュー病院に勤務していたウェクスラーは，1939 年に成人を対象としたウェクスラー・ベルビュー知能検査を作成した。それはその後改訂され，現在世界中で広く用いられるウェクスラー成人知能検査（WAIS）となった。この知能検査は，成人を対象とした「言語性検査」と「動作性検査」で構成され，それぞれの検査と全検査の知能指数を分けて測定することができる（表6−3）。この検査では，知能指数は各年齢集団における偏差値（偏差知能指数）で表される。また，それぞれの下位尺度について，個別のプロフィールを示すことができる。

表6-3　WAIS-IIIの下位検査

言語性検査		動作性検査	
2	単語	1	絵画完成
4	類似	3	符号
6	算数	5	積木模様
8	数唱	7	行列推理
9	知識	10	絵画配列
11	理解	12	記号探し
13	語音整列	14	組合せ

※以上のうち，WAIS-Ⅲの群指数の算出にかかわる下位検査は以下である。言語理解（2, 4, 9），知覚統合（1, 5, 7），作動記憶（6, 8, 13），処理速度（3, 12）

WAISはその後改訂を重ね，2008年にはWAIS-Ⅳが開発されている。日本版の最新のものは，WAIS-Ⅲである。WAIS-Ⅲでは，従来の下位検査から得られる偏差知能指数に加え，認知機能をより詳しく調べるため，言語理解（VC），知覚統合（PO），作動記憶（WM），処理速度（PS）といった群指数が設定されている。また，5～16歳の子どもを対象としたWISCも開発されており，その最新版はWISC-Ⅳである。

3　集団式知能検査

ビネーやウェクスラーの知能検査は，訓練された検査者が被検査者と対面し，個別に実施する個別式知能検査である。一方，学校教育等の場では集団を対象とした筆記式の知能検査も用いられている。

集団式知能検査として有名なのは，第一次世界大戦時のアメリカの陸軍において，将校や兵士を選別する目的で作成された「アメリカ陸軍知能検査」である。この検査は，アルファ検査とベータ検査に分けられる。アルファ検査は英語の読み書きが可能な人を対象に言語問題を中心として構成されており，ベータ検査は英語の読み書きができない人を対象とした記号・図形・数などで構成される検査である。これらの検査はそれぞれ現在のA式とB式の集団知能検査の原型であり，広く教育現場などで使用されている。わが国でも田中B式知能検査や京大NX知能検査など，多数の集団式知能検査が開発・使用されている。

集団式知能検査は，検査方法が簡便であり，一度に大人数の検査を行うことができるが，測定上の誤差が生じやすいため，その使用と解釈には注意が必要である。

4　知能指数

知能検査の結果は，知能指数，知能偏差値，偏差知能指数で表される。ターマンによって考案された知能指数（IQ）は，以下の式で算出する。

$$\text{知能指数 (IQ)} = \frac{\text{精神年齢 (MA)}}{\text{生活年齢 (CA)}} \times 100$$

この式にしたがうと，たとえば生活年齢4歳の子どもが5歳の精神年齢である場合，IQは125となる。

一般に，成人は子どもよりも知能の発達の変化がゆるやかであるため，精神年齢と生活年齢の比を算出すると，成人のIQは年々低下していくことになる。そのため成人には別の表示方法として，知能偏差値（ISS）と偏差知能指数（DIQ）が使用される。これらの数値は，以下の式で算出される。

$$\text{知能偏差値 (ISS)} = \frac{10\ (X - \bar{X})}{SD} + 50$$

$$\text{偏差知能指数 (DIQ)} = \frac{15\ \text{or}\ 16\ (X - \bar{X})}{SD} + 100$$

X= 個人の得点
$\bar{X}$= 同一年齢集団の平均
SD= 同一年齢集団の標準偏差

これらは同一集団における平均値からの差分と，得点のばらつきを表す標準偏差を用いて，同一年齢集団における個人の知能を相対的に表すものである。この式では，検査結果が平均値と同じ値であった場合，ISSでは50，DIQでは100となる。

知能指数には段階値が設けられており，ビネー式とウェクスラー式でその分

表6-4　各検査の知能段階と出現率

知能段階	ビネー式 IQ	ビネー式 ISS	出現率	知能段階	ウェクスラー式 IQ	出現率
最上（最優）	141以上	75以上	0.6%	非常に優れている	130以上	2.2%
上（優）	125－140	65－74	6.1%	優れている	120－129	6.7%
中の上	109－124	55－64	24.2%	平均の上	110－119	16.1%
中	93－108	45－54	38.2%	平均	90－109	50.0%
中の下	77－92	35－44	24.2%	平均の下	81－89	16.1%
下（劣）	61－76	25－34	6.1%	境界線	70－80	6.7%
最下（最劣）	60以下	24以下	0.6%	知的障害	69以下	2.2%

類は異なっている。表6－4は，その段階と出現率を示している。

5　知能検査がもたらす社会的問題と知能研究の今後

相関係数の概念の提唱など，統計学者として有名なゴールトンは，優生学の父ともいわれている。ゴールトンは優生学を「ある人種の生得的質の改良に影響するすべてのもの，およびこれによってその質を最高位にまで発展させることを扱う学問である」と定義した。優良な形質の増殖と劣悪な形質の淘汰をめざした優生学は，後にアメリカやドイツへ渡り，断種や産児制限などの優生政策に多大な影響を及ぼした。知能検査は，そういった優生思想・政策論の妥当性を表す論拠として用いられてきた歴史がある。先述のように，ビネーがめざした知能検査は，障害児支援の目的で作成されたものであった。ビネーの知能検査が世の中に浸透したことで，学校教育などさまざまな領域に多大な貢献を果たしたといえよう。しかしその一方で，知能検査は優生学運動の一端を担い，そのことが多くの人権上の問題を引き起こしたことも事実である。

2003年にはヒトゲノム配列の解析が終了し，現在では特定の遺伝子型と特定の疾患や量的形質の関連を統計学的に調べるゲノムワイド関連解析が盛んに行われている。それらの研究では，人間の知能に関係する遺伝子についての解析も進んでおり，たとえば人間の言語の獲得と関係する遺伝子型も発見されている。今後，知能を規定するその他の遺伝子の解明も進んでいくであろう。しかし，そのような研究は，決して知能が遺伝子の影響のみで規定されることを主張しているのではなく，研究自体がそのように誤って解釈されることにより，優生思想や差別を助長してしまう可能性を考えなくてはならない。先述のように，人間の知能は遺伝と環境とで相互に影響して形づくられるのである。

また，冒頭で示したように，知能の定義は研究者間でも一致しておらず，今後新しい研究の発展とともに，継続して議論されていくべきテーマである。つまり，ボーリングの知能の定義でもわかるように，現在の知能検査で測定される知能は，知能と考えられる人間の能力の一部を測定しているにすぎないのである。したがって，知能そのものの考え方や，知能が人間のあらゆる知的活動にどのような影響を及ぼすのかについては，今後の研究次第で大きく変化していくと考えられる。そのため，1つの知能検査の結果が，人間の知的能力のすべてを説明しているのではなく，また人間そのものの優劣を決めるものではないということは，忘れるべきではないだろう。

参考文献

藤田主一・齋藤雅英・宇部弘子（編著） 2013 新 発達と教育の心理学 福村出版

グロス，R. D.（著） 岡本栄一・大山正（監訳） 1993 キースタディーズ心理学（下） 新曜社

ヘッブ，D. O.（著） 白井常（監訳） 1975 行動学入門〔第3版〕 紀伊國屋書店

肥田野直（編） 1970 知能（講座心理学9） 東京大学出版会

永江誠司 2008 教育と脳——多重知能を活かす教育心理学 北大路書房

田中教育研究所（編） 2003 田中ビネー知能検査V 理論マニュアル 田研出版

ウェクスラー，D.（著） 日本版WAIS-Ⅲ刊行委員会（訳編） 2006 日本版WAIS-Ⅲ実施・採点マニュアル 日本文化科学社

7章　性格の心理学

人の性格はさまざまである。人それぞれに違いがあるが，その違いはどこから出てくるのだろうか。またこの違いはどのようにその人の生活に影響を与えるのだろうか。人は社会を形成して生活していくので，他者がどのような人なのか，うまくやっていくにはどうすればいいのかを知りたいと思っている。そのために「人の性格」を知ることはその近道になると考えられる。

1節　性格とは何か

人には顔つきや体型などさまざまな違いがあるが，同じように人の性格にもさまざまな違いがある。それでは，性格とは何なのだろうか。昔からさまざまな定義や考え方が示されてきたが，現在では，「性格とは，ある人の特徴的な行動や考え方」と定義され，遺伝的な素質が後天的な社会生活の影響を受けながらつくり上げられるものとされている。私たちは，ある状況で観察できる行動や考え方を見て，その人についてある判断をしている。その判断のもととなる行動や考え方に，その人らしい行動の一貫性と独自性を見ている。性格は英語の character の訳語で，語源はギリシャ語の karakter で「刻み込む」「彫り込む」という意味である。どちらかというと固定的で静的なイメージをもっている。

性格と類似した言葉に，気質，人格，パーソナリティ，個性などがある。気質は temperament の訳語で，刺激に対する情緒的反応の傾向を表し，遺伝的色彩が強いものとされている。人格は personality の訳語で，現在ではパーソナリティとカタカナ表記されることが多い。語源はラテン語のペルソナで，仮面を意味していた。それが仮面から演技をする人を意味するようになり，そのときどきで変化することや，その環境への対応などを意味している。日本語では，人格というと「人格高潔な人」とか「人格の涵養」などと道徳的な価値観を含んでいるが，心理学や精神医学の領域ではそのような道徳的価値観は含まない。パーソナリティは，道徳的価値観は含まず，知能や態度，興味などを含んで，より包括的で力動的イメージをもって使われている。

さらに，個性という表現もよく使われている。個性とは，他の人と区別されるその人独自の特性を表す言葉で，他者との違いを強調するために使われる言葉である。いずれの表現語も，その人らしさ，その人の特徴的な行動や考え方を表すものであるが，少しずつニュアンスに違いがある。本章では，それぞれの違いを考慮しながら「性格」という用語で統一して使う。

2節　性格の形成

性格は，遺伝的な素質が後天的な社会生活の影響を受けながらつくり上げられるものである。つまり，遺伝的な要因と環境的な要因の相互作用によって形成されるものである。遺伝的な要因を生理的な要因，環境的な要因を社会的な要因として考えてみよう。

1　生理的要因

体質や気質，ホルモンのバランス，身体的生理的発達などの生理的要因は，性格形成に影響を与える要因の１つである。たとえば，中枢神経系はもちろん，自律神経系のバランスは，疲れやすさ，怒りっぽさ，不安などと関連しているといわれている。ホルモンバランスも，不安や情緒不安定に関係しているといわれている。また，身体が弱い（虚弱体質），感覚器官の障害がある場合なども劣等感や不安を引き起こしやすいと考えられている。しかし，これらの生理的要因は性格形成に影響を及ぼすであろうが，決定するわけではないことを理解しておかなければならない。

2　社会的要因

性格形成に影響する社会的要因は非常に幅広く，そこには家庭・学校・近隣社会などにおける人間関係や生活様式，社会の文化の程度などがある。中でも家庭環境は大きな要因になる。

家庭環境について見れば，親の年齢や教育歴，職業，価値観，家族構成，きょうだい数，出生順序，親の養育態度などがあげられる。この中でも，親の養育態度は子どもの性格を決定するといっても過言でないほど大きな影響を与えている。これらを総括的にまとめたものが，図7-1である。きょうだい数や出生順序も親の養育態度に影響を与えている。きょうだいは当然出生順が違うので，家庭内での彼らの地位や，それに対する親のしつけ方や期待があるために，性格形成に大きな影響を与える。それとともに，本人が自分自身をどう考えるかという役割認識も性格形成に大きな影響を与えている。成長するにつれて家庭内での地位や役割を意識しはじめ，自分に期待されている役割を理解し，それに適した行動をとることによって，その社会に正しく適応していけるようになる。さらに，学校や職場，近隣社会での人間関係なども性格形成に大

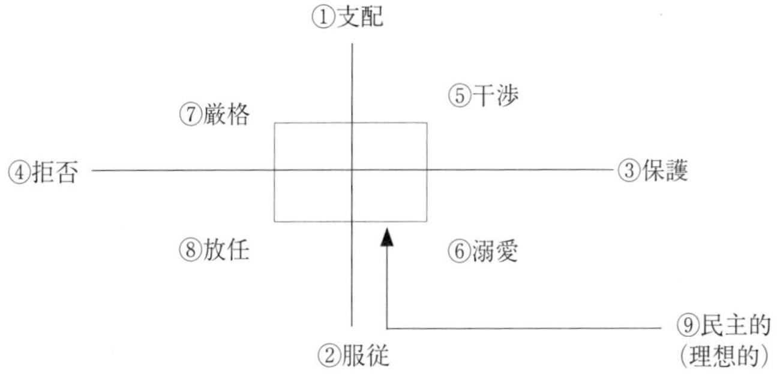

養育態度	子どもの性格特徴
①支　配	服従的，自発性なし，消極的，依存的
②服　従	無責任，不従順，不注意，攻撃的
③保　護	社会性に欠ける，感情不安定，親切
④拒　否	攻撃的，自己顕示的，冷淡，反社会的
⑤干　渉	幼児的，依存的，受動的，神経質
⑥溺　愛	わがまま，自己中心的，反抗的，独立的
⑦厳　格	神経質，逃避的，強情
⑧放　任	情緒不安定，冷酷，独立的，攻撃的
⑨民主的	独立的，素直，親切

図7-1　親の養育態度と子どもの性格
（宮城音弥，1960，性格，岩波書店を改変）

出典：小池庸生　2003　改訂 乳幼児の発達と教育心理学　建帛社　p.54

きな影響を与えると考えられる。

3節　性格の理解

性格を理解する方法には，大きく3つの方法がある。1つは類型的な見方，1つは特性的な見方，1つは構造的な見方である。それぞれの方法は異なるが，どれが正しく，どれが間違っているというものではなく，性格をより深く理解しようという立場から導かれた考え方である。

1　類型的な見方

類型的な見方とは，あるルールにしたがって一定のタイプ（類型）に分けて，性格を理解しようとする考え方である。人の性格はさまざまであるが，何かを基準に考えると類似した部分があるため，グループとしてまとめることができる。このような方法をカテゴリー化というが，これは私たちがさまざまな出来事を整理するときに使っている方法である。

この類型的な見方の例としてクレッチマーとユングの考え方があげられる。

(1) クレッチマーの気質体格類型

ドイツの精神医学者クレッチマーが展開したもので，体格と気質との間に関係があるという考え方である。クレッチマーは自身の臨床経験から精神病と体格に関係があることを見いだし，細長型が精神分裂病（現在の統合失調症），肥満型が躁うつ病，筋骨型がてんかんに多いことを報告した。さらに，それぞれの精神病患者の病前性格についても調べ，健常者も同様の心理的特性をもっていることを見いだし，分裂気質，躁うつ気質，粘着気質と命名した。分裂気質は細長型に，躁うつ気質は肥満型に，粘着気質は筋骨型に多いことを報告した。表7−1は，クレッチマーの考えを示したものである。

クレッチマーの考えは，臨床経験から導き出されたものであるが，その後，アメリカのシェルドンによる大学生を対象にした研究でも同様の結果になったことが報告されている。

表7-1　クレッチマーの気質と体格の関連

気　質	分裂気質	躁うつ気質	粘着気質
体　格	細長型 	肥満型 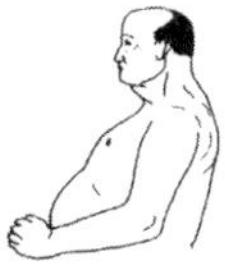	筋骨型 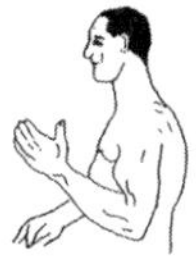
気質の特徴	〈基本的特徴〉 非社交的，自分だけの世界に逃避し，閉じこもろうとする。 〈敏感性〉 外界からの刺激を避け，ひっそりと自分の世界にこもる。 〈鈍感性〉 周囲に対する情緒の共鳴が欠け，無感動。人の言いなりになる。	〈基本的特徴〉 対人関係に重点，環境と共鳴し，それにとけ込む。 〈軽躁性〉 旺盛な活動力，活発さ。反面，無思慮，気まぐれ。 〈抑うつ性〉 慎重で思慮深いが，気は弱い面も。ものごとを重大に受け止める。	〈基本的特徴〉 1つのことに熱中しやすく，几帳面で凝り性。 〈粘着性〉 丁寧すぎるほど丁寧，ねばり強いが，頑固でまわりくどい。 〈爆発性〉 ときどき爆発的に怒りだして，まわりの者をびっくりさせることも。

(2) ユングの向性理論

ユングは，精神活動の源である心的エネルギーが向かう方向によって基本的態度を想定し，心的エネルギーが外界に向く傾向にあるものを外向型，内界に向く傾向にあるものを内向型とした。外向型は，好奇心が旺盛で外界の事物に興味をもち，社交的で交際範囲が広く，決断が早く行動力があるが，自分自身を反省することが少ないという特徴をもっている。内向型は，自分自身に興味をもち，思慮深く，優柔不断で行動力に乏しく，交際範囲は狭いという特徴をもっている。ただし，外向と内向のどちらか一方だけをもっているということはない。

さらにユングは，思考・感情・感覚・直観の4つの精神機能を考え，外向型・内向型と組み合わせて，8つのタイプの性格を考えた。

2　特性的な見方

特性的な見方とは，性格を表現している特性を量的に測定することで理解しようとする考え方である。特性は，行動から導き出されたもので，「慎重」「活発」などのことである。

この見方では，性格を構成する特性を求めることが大きな問題となる。オルポートは，辞書から約4000語を適切な特性語として抽出している。その後，各国でそれぞれの研究者が性格特性語を抽出しているが，研究者の間でも，意見が分かれている。現在では後述する5因子モデル（ビッグ・ファイブ）で使われるものが共通特性語として考えられている。

ここでは，キャッテル，アイゼンクとビッグ・ファイブについて説明する。

(1) キャッテルの特性論

キャッテルは，性格を構成している特性を外部から直接観察できる表出特性と，それを決定する性格の深い層にある根源特性とに分けた。彼の研究は，根源特性の抽出が主目的であり，表7−2のような16の根源特性を見いだし，16PFという性格検査を作成した。

(2) アイゼンクの特性論

アイゼンクは，人の行動が図7−2のように4つのレベルで説明できると考

表7-2　キャッテルの16の根源特性と表出特性（伊沢秀而らより作成）

	高得点の根源特性（表出特性）	低得点の根源特性（表出特性）
1	情緒性（社交的，協調的）	分離性（批判的，冷たい）
2	高知能（抽象的思考，聡明）	低知能（具体的思考）
3	情緒安定性（冷静，忍耐強い）	情緒不安定性（感情的，移り気）
4	自己主張性（攻撃的，権威的）	謙虚性（従順，順応的）
5	高潮性（衝動的，熱狂的）	退潮性（まじめ，無口）
6	高い超自我（礼儀正しい，良心的）	低い超自我（ご都合主義，無責任）
7	冒険性（遠慮のない，自由奔放）	臆病性（控えめ，気おくれ）
8	繊細性（直感的，非現実的）	堅牢性（現実的，実用主義）
9	疑い深さ（嫉妬，懐疑的）	信じやすさ（お人好し，協調的）
10	空想性（空想的，ぼんやり）	現実性（慣習的，実務的）
11	巧妙性（打算的，警戒心の強い）	率直性（飾らない，純粋）
12	憂慮性（心配性，苦労性）	充足感（落ち着いた，安定した）
13	革新性（自由主義的，実験的）	保守性（因習的，保守的）
14	自己充足性（自立的，才覚のある）	集団依存性（集団志向，従者的）
15	自律性（完璧主義，自制的）	放埒性（無計画，衝動的）
16	高緊張（落ち着かない，張りつめた）	低緊張（穏やか，不活発）

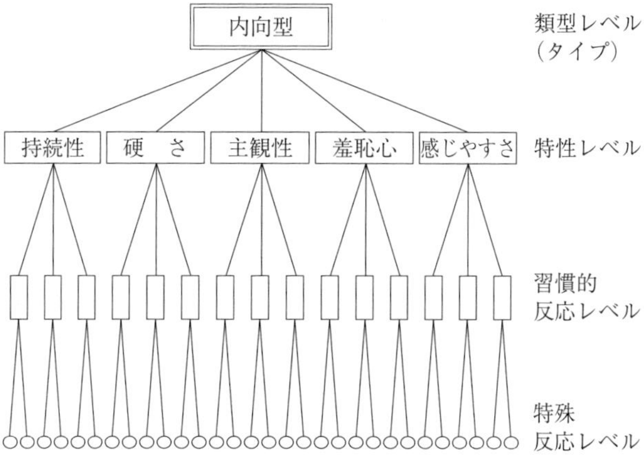

図7-2　アイゼンクの内向型の階層構造

えた。特殊反応レベルは，日常生活において個人が実際に示す反応である。これらの反応がくりかえし生じると習慣的反応レベルになる。この習慣的反応レベルがいくつかまとまって特性を構成する。さまざまな特性間の相関によって導き出されるものが類型レベル（タイプ）となる。アイゼンクは，類型レベルに向性（内向型と外向型），精神病傾向，神経症傾向の三次元を考え，特性論の立場に類型的な考えを導入して性格理解を進めようとした。

(3) 5因子モデル（ビッグ・ファイブ）

特性的な見方には多くの研究が蓄積されているが，現在もっとも関心をもたれているのは，ビッグ・ファイブとよばれる5因子モデルである。これは世界中で行われた研究によってよく似た因子がくりかえし報告されることから導き出されたものである。表7−3に5因子とその特徴を示す。これらは性格の基本的次元と考えられている。

3　構造的な見方

構造的な見方とは，性格を特性の集合体ではなく，ある構造をもち，1つのまとまりとしてとらえる考え方である。それぞれの構造がお互いに影響し合い，性格を決定すると考えるものである。

表7-3　性格の5因子とその特徴

因子	特徴
外向性	社交性，エネルギッシュさ，冒険性などを示す次元
温厚性	穏和，協調性，親切さ，愛情深さなどを示す次元
良心性	責任感，几帳面さ，まじめさなどを示す次元
情緒安定性	感情の起伏，気分屋などを示す次元
知性	頭のよさ，知性，幅広い興味などを示す次元

ここでは，フロイトと同心円的な見方について説明する。

(1) フロイトの心的装置論

フロイトは精神分析を創始し，無意識を発見したことで有名である。フロイトは，無意識とは意識がない無意味な状態ではなく，そこにこそ人間の行動の原因が潜んでいると考えていた。彼は，図7-3に示すように性格の構造としてイド・自我・超自我の3領域があると考えた。イドは，リビドーともよばれる本能的欲望の貯蔵庫であり，快楽原理にしたがって行動する。自我は，イドの一部が変化したもので，イドの欲望を解放したり抑圧したりして，現実的に即応した充足をもたらす。現実原理にしたがって行動する。超自我は，道徳や社会的規範が内在化したもので良心ともよばれる。道徳原理として機能する。彼は，この3つの力関係でその人の性格が決まると考えた。イドの力が強い人は衝動的で感情的・幼児的な性格，自我の力が強い人は現実的で十分に適応していける性格，超自我が強い人は道徳的で抑制的な性格である。自我の力が弱く，イドと超自我の力が強い場合に，葛藤が生じて神経症的な症状が出やすいと考えたのである。

図7-3　フロイトのこころの構造

図7-4　性格の同心円

(2) 同心円的な見方

同心円的な見方では，性格は遺伝的要素と環境的要素という層構造から成り立つものと考える。図7−4のように，中心に近い層ほど遺伝的影響を強く受け，周辺層ほど環境的影響を受けやすいと考える。体質や気質は遺伝的要素を基盤としていて，それにさまざまな環境的要素が加わって狭義の性格となる。その上層にその社会の文化的社会的要因が加えられて社会的性格が形成される。さらにその上層は役割性格といって，もっとも環境的影響が強く表れるものである。これは，その場で与えられた役割によって決まる性格のことである。役割性格は，ふだんの生活においても，そのときどきの役割によって使い分けられるものと考えられる。

4節　性格の測定

性格を理解する試みは古くから行われ，骨相，人相などを用いたこともあった。しかし，より科学的な方法として，性格検査が開発されてきた。性格検査は心理検査の一部であり，(1)妥当性と信頼性が確認されていること，(2)標準化がなされていること，という条件を満たしていることが前提となる。

性格検査は測定の様式によって，質問紙法，作業検査法，投影法の3つに分けられる。

1　質問紙法による測定

あらかじめ作成した質問紙を使って，ハイ・イイエなどで回答させる検査である。特性的な見方を基礎につくられた検査で，長所として (1)検査の実施が簡単なこと（集団施行も可能なこと），(2)採点や結果の数量化も容易で，結果のフィードバックがすぐにできること，(3)結果の解釈が客観的で，熟練を必要としないこと，などがあげられる。短所としては (1)回答をごまかしたり歪曲したり（意識的・無意識的に）できること，(2)深層心理を探れないこと，などがあげられる。

代表的な質問紙法は以下のとおりである。

YG（矢田部・ギルフォード）性格検査：12の性格特性を測定することがで

きる。また各特性間の組合せから，5つのタイプに分類できる。

MMPI（ミネソタ多面式人格目録）：4つの妥当性尺度と10の臨床尺度からなり，精神疾患の判別をめざした検査であるが，性格検査としても活用されている。

その他にも，MPI（モーズレイ性格検査），TEG（東大式エゴグラム）などの検査がある。

2 作業検査法による測定

これは，一定の条件の下で一定の簡単な作業を行わせ，その作業の過程や量や質，態度などから性格を調べる検査である。長所は (1)採点と結果の数量化が容易で，結果のフィードバックはすぐできること，(2)意図的歪曲が生じにくいことである。短所は，性格の全体像が把握できないことである。

代表的な検査は，内田クレペリン精神作業検査である。これは単純な加算作業を行わせて，その作業量と作業曲線から性格を判断しようとするものである。図7−5はこの検査の作業曲線の例である。

3 投影法による測定

投影法は，あいまいで多義的な刺激材料を示して，その反応の仕方や結果を分析・解釈して，性格を判断しようとする検査である。行動観察や意識的反応

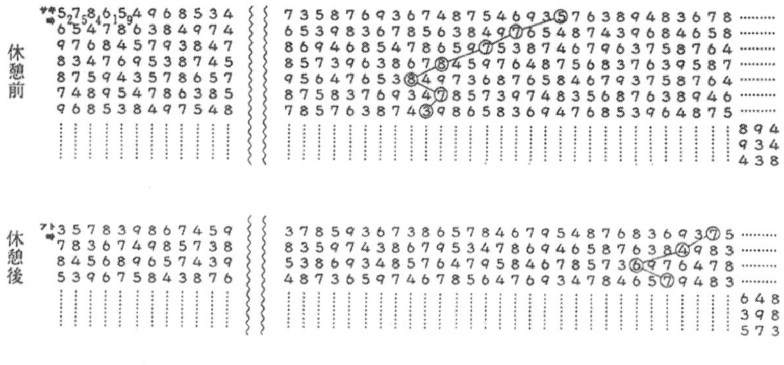

図7-5 内田クレペリン検査の作業曲線例

などではとらえきれない人間の内面や深層にある欲求・葛藤・動機づけ・感情などを把握することを目的としている。長所としては (1)表面的ではなくその人の深層心理を探ることが可能なこと，(2)回答をごまかしたり歪曲したり（意識的・無意識的に）できないこと，などがあげられる。短所としては (1)検査の実施に時間がかかること，(2)採点・結果の数量化が難しいこと，(3)結果の解釈が主観的で熟練を必要とすること，などがあげられる。

代表的な検査には次のようなものがある。

ロールシャッハ・テスト：図7−6のような左右対称のインクのシミを見せ，何を見るか，なぜそう見えるかを報告させることで性格を分析しようとする検査である。

P-Fスタディ（絵画欲求不満検査）：図7−7のようなフラストレーション状態の場面を見せて，吹き出しの中に反応語を記入させて，攻撃行動を分析し，性格を判定しようとする検査である。

文章完成法（SCT）：主語だけが示してあり，それに続いて自由に文章を完成させることで性格を分析しようとする検査である。

描画法：樹木画，人物画，家族画などがある。対象物を描かせることで，その人の性格や状況などを分析する検査である。

図7-6　ロールシャッハ・テストの図版例

図7-7　P-Fスタディの例（青年用）

参考文献

無藤隆・森敏昭・遠藤由美・玉瀬耕治　2004　心理学（New Liberal Arts Selection）有斐閣

鈴木公啓（編）　2012　パーソナリティ心理学概論——性格理解への扉　ナカニシヤ出版

詫摩武俊（監修）　1998　性格心理学ハンドブック　福村出版

詫摩武俊・瀧本孝雄・鈴木乙史・松井豊　2003　性格心理学への招待〔改訂版〕——自分を知り他者を理解するために（新心理学ライブラリ 9）　サイエンス社

8章　欲求と感情の心理学

日常生活の中で，私たちが行動を始めるとき，「何かをしたい」という気持ちがきっかけとなっている。また，まわりからの働きかけや，自分が行動をした結果について，さまざまな気持ちを抱く。前者を欲求とよび，後者を感情という。どちらも私たちのこころの働きを考える上で欠かせないものである。本章ではこの欲求や感情について考えていく。

1節　欲求と動機づけ

私たちは，喉が渇けば飲み物を飲む。この過程を考えてみると次のようになる。はじめに体内の水分量の減少などが起こり，それを体内の状態の変化として検出する。この変化した状態は動因とよばれる。人間などの生活体は減少した水分を補い，通常の状態に戻してバランスを保とうとする傾向をもっている。キャノンは，この傾向をホメオスタシスとよんだ。この性質によって，喉が渇いたから何か飲みたいという欲求が発生する。この欲求は飲み物をもっていればそれを飲むという行動を起こさせるし，もっていなければ飲み物を手に入れようとする行動が発生する。欲求が行動の原動力になるといえる。このとき，飲み物は行動の目標となっており，これを誘因とよぶ。飲み物をもっていなければ飲水行動は起こらない。また飲み物を手に入れたくても，その方法や機会がなければ探索行動は起こらない。欲求は行動を生じさせる原動力となるが，誘因がなければ行動には至らない。つまり，内的過程で

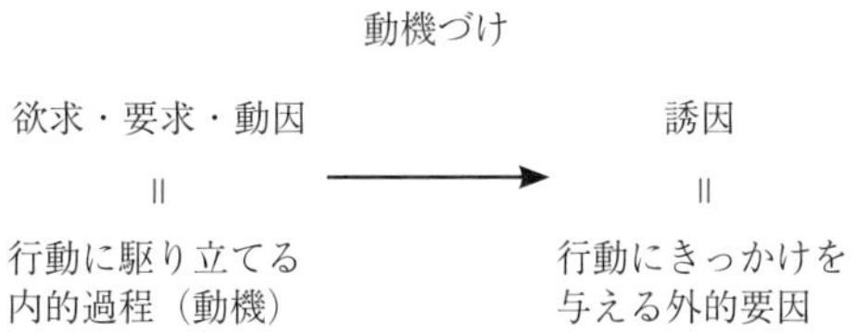

図8-1　動機づけの過程

ある動因と外的要因である誘因がともにあるときに行動は生じるのである。動因と誘因をあわせて動機とよび，動機は生活体に一定の行動を生じさせる。これを「動機によって行動が方向づけられる」という。飲み物を飲むという行動の結果，体内の水分不足という状態が解消され，何か飲みたいという欲求が充足される。欲求が生じてから行動が終わるまでの一連の過程を動機づけ（図8－1）とよぶ。

2節　欲求の種類

私たちが行動を起こす原動力となる欲求は，大きく次のように分けることができる。

生まれつきもっている本能的な欲求は一次的欲求とよばれる。一次的欲求に含まれるものには，生命の維持にかかわる欲求がある。たとえば，生活体は体内の生理的状態を一定に保とうとするホメオスタシス傾向をもっているため，飢えや渇きを感じたとき，この状態を解消するために欲求が生じる。また，睡眠や排泄などの行動を生じさせる欲求も，生命維持のために生じる生理的欲求と考えることができる。そして個々の生命維持だけでなく，自らの子孫を残すための性的欲求も一次的欲求に分類される。ただし，人間では性的欲求に対して社会的，文化的な要因が強く影響を与えている。

生存に直接影響するものではないが，生活体がもともと備えていると思われる欲求に知的好奇心がある。これは人間以外の動物にも見られる。たとえば，迷路に入れられたラットは迷路の中で探索行動を行い，迷路を学習する。通常は迷路内に餌を配置して誘因とし，迷路を学習するという行動が観察される。しかし，餌がなくても学習は進行しており，餌を置かずに迷路を経験させたのちに餌を配置するとラットは速やかに餌にたどり着ける。餌がないときに迷路内を探索する行動は，知的好奇心が動機となって行動が生じている。知的好奇心は生活体自身がもつ動機であり，内発的動機とよばれる。またサルにパズルを与えると，報酬がなくてもパズルを完成させる行動が観察される。これも知的好奇心に基づいた行動であると考えられる。ただし，サルが空腹である場合などは空腹を満たすという欲求が優先され，パズルを解くという行動は観察されない。

生活体がもともともっている欲求ではなく，経験による学習によって獲得する欲求もある。たとえば，多くの人間はお金に対して強い欲求を示し，お金は強力な誘因の役割を果たす。これは，お金が，自分がもつさまざまな欲求を充足する有効な手段となることを経験によって学習しているためである。これは，生得的にもつ一次的欲求がもとになって獲得された欲求であるから，二次的欲求とよばれる。お金に対する欲求はそれ自体が強力に働く。一次的欲求を基礎として成立しているものではあるが，すでに一次的欲求から独立して機能しているのである。

そして自らの属する社会的環境や文化の中での経験をもとに生じる欲求を社会的動機とよぶ。マレーによると，社会的動機には，個人が属する文化の中で優れた価値をもつものとされることをめざす達成動機と，周囲の人間と良好な関係を構築したいと考える親和動機がある。

3節　欲求の段階

マズローは，欲求には優先順位があると考え，それは5段階に分類され（図8−2），欲求は下から順に充足されると考えた。はじめに生存にかかわる生理的欲求が充足される必要がある。これが充足されると，安全を求める安全欲求を充足しようとする。生理的欲求が充足されていなければ，安全欲求よりも生理的欲求を充足することを優先するのである。たとえば，空腹を感じている子どもたちは教室でも落ち着きがなくなる。「先生に怒られたくない」という安全欲求よりも生理的欲求が優先されるためだといえる。所属・愛情欲求は，周囲の他者に受け入れられたり，愛情を向けたり愛情を受けたりしたいという欲求である。承認欲求は，他者から認められたいという欲求である。ここまでの4段階は，不足しているものが充足されることで次の段階の欲求が生じるようになる。そこで，生理的欲求，安全欲求，所属・愛情欲求，承認欲求の4つを

図8-2　マズローの欲求階層説

欠乏欲求とよぶ。

最上位の自己実現欲求は他の4つとは異なる。自己実現欲求とは，自分の価値観にしたがってより価値の高い自分になろうとする欲求である。そのため自己実現欲求によって行動を行った結果，さらに高い目標をもつようになる。欲求が充足されるのではなく，さらなる行動を引き出すことになるのである。自分から関心をもち，取り組んだ課題を達成したとき，さらに次の課題が見え，それに取り組みたいと感じるときがある。これは，課題への取り組みが他者に認められたいという承認欲求からなされたものではなく，自己実現欲求から生じたためだと考えることができる。

4節　欲求不満・葛藤

欲求が生じてもそれが充足されるとは限らない。通常は，幼い頃から欲求不満に耐えうる能力（欲求不満耐性）を身につけており，欲求が充足されなくてもそれに耐えることができる。しかし欲求不満が強かったり，十分な欲求不満耐性が形成されず，欲求不満が欲求不満耐性を超えてしまう場合に問題が生じる。ローゼンツワイクは欲求不満を6つの状態に分類した。ローゼンツワイクによれば，欲求不満はその原因が自分自身のことに起因する内的な原因があるか，自分の外部に原因があるかの2つに分けられる。また，それぞれ欠乏，喪失，葛藤の状態がある。内的欠乏状態とは，欲求を充足するのに必要な能力などを備えていないために欲求が充足できない状態を指す。たとえば，速く走りたいと思ってもその力がなく結果を残せない場合がそれに当たる。内的喪失とは，以前に欲求を充足するための能力などをもっていたがそれを失ってしまったために欲求が充足されないことを指す。すばらしい歌唱力をもっているが，病気のために歌うことができない場合などが当てはまる。内的葛藤状態とは欲求の充足を自分自身で抑制しようとするため，葛藤が生じる状態である。甘いものを食べたいが，ダイエットをしているため我慢しなければならないというような場合が当てはまる。

外的欠乏状態とは，誘因が外部に存在しないために欲求が充足できない場合である。ある画家の作品を手に入れたいと思っていても，市場に出まわらないため手に入らないというようなことがこれに当たる。外的喪失とは，以前に誘因が存在したが，それを失ってしまったため欲求を充足することができない状態である。外的葛藤とは，自分のもつ欲求を他者から禁止されるなど，外的な要因で充足できない場合を指す。欲求不満が生じると心的な緊張状態となり，ストレスがかかることになる。心理検査の１つであるP-Fスタディはローゼンツワイクの説によって個人の欲求不満の状況を把握するために作成されたものである。

5節　葛藤の種類

欲求が行動を生じさせるには誘因が必要であるが，誘因となる行動の目標がさまざまな側面をもっていたり，目標が複数存在したりする場合もある。そのため行動を起こすことができず，ストレスとなることがある。これを葛藤とよぶ。レヴィンは葛藤には３つのタイプがあるとしている（図8−3)。１つ目のタイプは接近―接近葛藤とよばれる。これは誘因となる目標が複数あり，それぞれの目標が魅力的であるが，そのうちの１つしか選べない場合である。旅行の行き先を考えるとき，２つの候補地があって，そのどちらを選ぼうか決められない場合のようなものである。最終的に片方を諦めて，もう一方を選択しなければならないことがストレスとなる。しかし，どちらも魅力的であればこのタイプの葛藤のストレスはあまり大きなものとならない。

２つ目の葛藤のタイプは回避―回避葛藤である。行動の目標が負の魅力，つまり好ましくないものである場合である。やりたくないことがあるが，やらずに放っておくと後で困ることがわかっているときなどがこのタイプに当たる。どちらを選んでも自分にとっては好ましくないことであるので，接近―接近葛

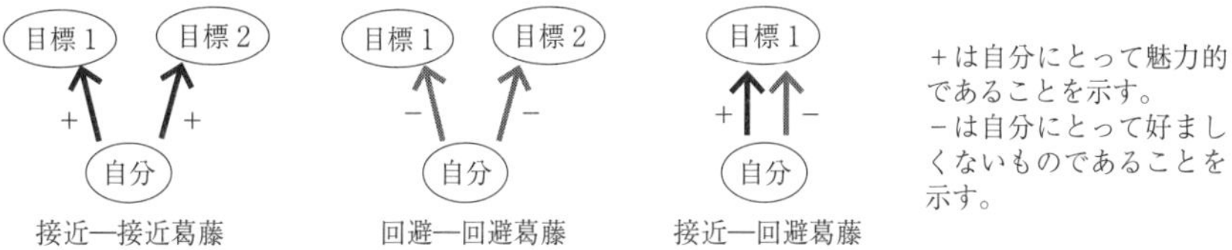

図8-3　レヴィンによる３つの葛藤状態

藤よりも強いストレスを受けることがある。そして3つ目は接近―回避葛藤である。これは1つの行動目標が好ましい側面と好ましくない側面の両面を備えている場合である。たとえばテーマパークなどへ遊びに行くとき，そこで得られる楽しみと支出する出費の間で葛藤が生じる場合などがこれに当たる。このタイプの葛藤は他のタイプの葛藤よりも強いストレスを感じるとされている。

欲求不満や葛藤が生じ，それが強いストレスとして働いた場合，自分のこころを守るための適応機制というメカニズムが働くと考えられている。欲求とそのプロセスは，こころの健康の問題までかかわる人間の基本的な心的過程として理解しておく必要がある。

6節　感情と情動

欲求によって動機づけられた行動によって欲求が充足されたとき，快の感情が生じる。欲求が充足されなければ不快の感情が生じる。このように欲求と感情は密接にかかわりをもっている。しかし，私たちの感情という心的過程はそれだけではない。たとえば，美しい景色を見てこころを動かされることがある。その景色を求めて遠出をする人も多い。感情は行動の原動力としても働くのである。このとき，快や不快の感情は，自分自身にしか感じることのできない主観的経験として生じている。強い感情が生起すると，心拍が早くなったり，身体反応や表情が変化し，外部から観察することが可能になる。外部から観察できるような表出が生じる場合を情動とよぶ。このような情動は，生起してから比較的短い時間に収まる。情動とは逆に，長い時間持続するような感情状態を気分とよぶ。感情や気分，情動という用語は非常に近い意味合いをもったものである。英語でも emotion, mood, affect など類似した語が存在し，これを和訳する際にも1対1の対応関係にはなっていない。大まかにいえば，特定の心的状態を主観的に経験することを感情とよび，それは気分や情動を含む広い範囲をカバーするものである。

感情に含まれる状態のうち，情動は心的状態と表出が一致することから多くの研究が行われている。次に情動について詳しく見ていくことにする。

1　情動の構成要因

ラザルスは，情動には次の6つの構成要素があるとしている。それは（1)認知的評価，(2)主観的経験，(3)思考—行動傾向，(4)身体的反応，(5)情動の表出，(6)情動に対する反応である。

認知的評価とは，自分がどのような状況にあるかという評価である。高いつり橋を渡るとき，初めて渡る人は不安定で危険な場所と評価するが，毎日通って渡り慣れている人はいつもの通り道として評価する。そのため生じる情動にも違いが生じる。

主観的経験とは，自分自身が出来事を体験するのと同時に喜びを感じたり，悲しみに気づいたりするようなことを指している。悲しい出来事に遭遇し悲嘆に暮れるとき，屈辱的な出来事に対して怒りに震えるときに感じていることそのものが主観的経験である。

思考—行動傾向とは，特定の情動が生じているときには一定の思考や行動が方向づけられることを指す。歌でも歌おうかと思うのは喜びの情動が生じているときであり，怒りの情動が生じているときではないだろう。

身体的反応とは，特定の情動が生じたとき，心拍が早くなったり，汗をかいたりといった変化が生じることを指す。

情動の表出とは，生じている情動を表情やしぐさ，声の調子などとして表すことを指す。悲しみの情動が生じているときにそれが表情に出たり，涙を流したりするのが情動の表出である。

情動に対する反応とは，生じた情動に対する対処の方法を指す。不快な情動が生じれば，情動が生じた原因を取り除いて不快な感情を早く解消しようとするだろう。あるいは，環境に対する認知的評価の仕方を変えることで不快な情動を抑制するかもしれない。状況によっては，不快の情動を表に出さないように努力が必要かもしれない。反対に，快の情動であればそれを維持したり，またはもう一度感じるように振るまうだろう。情動が行動を引き出す機能を果たすのである。

情動の構成要素はそれぞれが独立しているのではなく，互いに影響を与え合いながら情動を形づくっている。たとえば，表情によって経験する情動に違いが生じるという顔面フィードバック仮説など，構成要素間の相互作用がさまざまな形で研究されている。

2　情動の理論

情動はどのように生起し，私たちの経験となるのだろうか。環境での出来事によって私たちに情動が生じ，それが身体の反応を引き起こすというのが古典的な説明であった。しかし，自分の目から涙が流れ出して悲しみの情動に気づくということもある。ジェームズは，まず刺激を知覚し，それに応じた身体変化が起き，その身体変化を認識することで情動が発生すると考えた。この情動理論をジェームズ・ランゲ説とよぶ。私たちは楽しいときに笑うのではなく，笑っているから楽しいというのがジェームズ・ランゲ説の考え方である。脳などの中枢神経ではなく，体の末端部つまり末梢の反応を中心に考えているので，ジェームズ・ランゲ説を末梢説ともいう。

それに対して，キャノンは情動には機能の中枢があり，刺激を知覚するとそれ受けた情動の中枢が身体へ反応の指示を出すと考えた。これをキャノン・バード説という。また情動の中枢を視床であると仮定し，これを中心に考えているので中枢説ともよぶ。

末梢説とも中枢説とも異なる考え方として，シャクターとシンガーは2要因説を提唱した。2要因説では情動の過程を次のように考える。まず，情動が生じる状況に置かれたとき，身体反応が生じる。末梢での反応と自分が現在置かれた状態，そして過去の経験を照らし合わせて自分の情動を認知する。このとき，身体反応が同じであっても置かれた状況が異なれば，主観的経験として生じる情動のカテゴリーは異なったものとなる。シャクターらの説は現在では支持されていないが，認知的評価という要素の重要性に注目をしたものである。

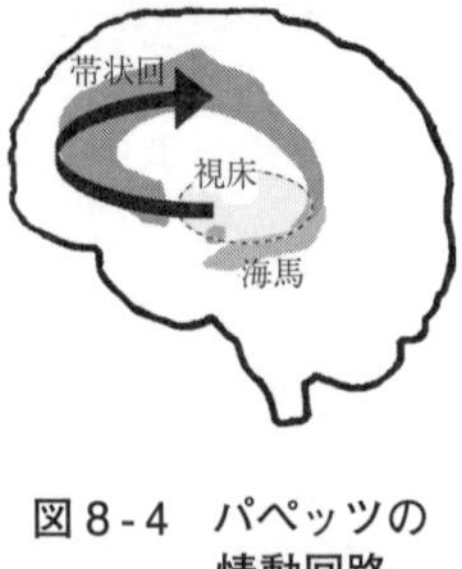

図8-4　パペッツの情動回路

ジェームズ・ランゲ説，キャノン・バード説はそれぞれを支持する実験的証拠があり，議論に決着はついていない。たとえば，先にあげた顔面フィードバック仮説は末梢説の考え方を支持するものである。また視床下部とその周辺を情動の中枢と考え，情動体験と記憶の関係を視野に入れたパペッツの情動回路説（図8−4）や，情動の過程において扁桃体が認知的評価を行っていると考えるルドーの扁桃体説など，中枢説を継承する考えも示されている。

3　情動の種類

私たちが主観的経験として感じる情動にはどのようなものがあるだろうか。これを考えるアプローチとして，情動が表出されたものである表情をカテゴリーに分類したり，情動を表す言葉をカテゴリーに分類したりする方法がある。ウッドワースは，表情を分類することでいくつかの基本的な情動カテゴリーがあることを指摘した。その後も継続して感情カテゴリーへの分類が行われ，現在では私たちの情動には基本情動とよばれるいくつかの基本形があると考えられている。基本情動は文化や地域の差を超えて人類に共通するものであり，それぞれの文化に固有の情動の基本となるものである。基本情動は特定の表出の形式，身体的反応などを生じ，他の基本情動との区別ができるものである。特定のカテゴリーの情動が生じたとき，私たちは一定の思考や行動の傾向を示す。悲しみの情動が生じているときには悲観的な考え方が生じやすいし，怒りの情動が生じているときには攻撃的な行動をとりやすい。こうした思考・行動の傾向も情動カテゴリーを分類する目安となる。怒りは基本情動の1つとされ，主観的経験，身体反応，思考・行動の傾向から他の情動と区別をすることができる。

一方で，怒りと憎しみは別の種類の基本情動とされているが，表出される身体反応や顔の表情などに類似した点がある。他の情動カテゴリー間にも類似した特徴をもつものが存在する。プルチックは類似性判断を基に基本情動同士を隣り合わせにして基本情動のカテゴリーを並べた。怒りという情動には，強い怒りやちょっとしたイラつきのように，生じる強さの違いがある。図8−5のように，情動の強さを上下方向に並べて情動を分類した。

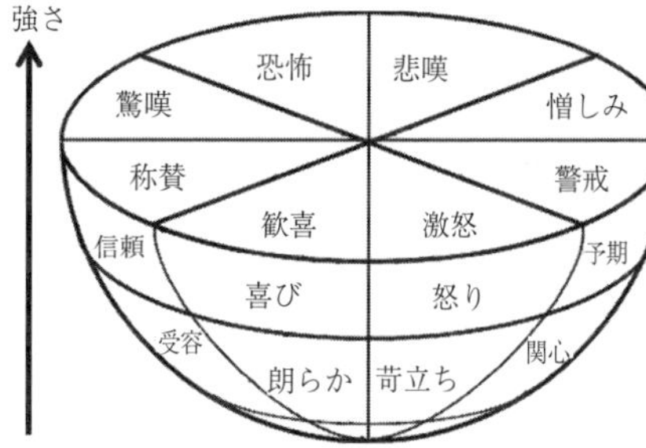

図8-5　プルチックの情動モデル

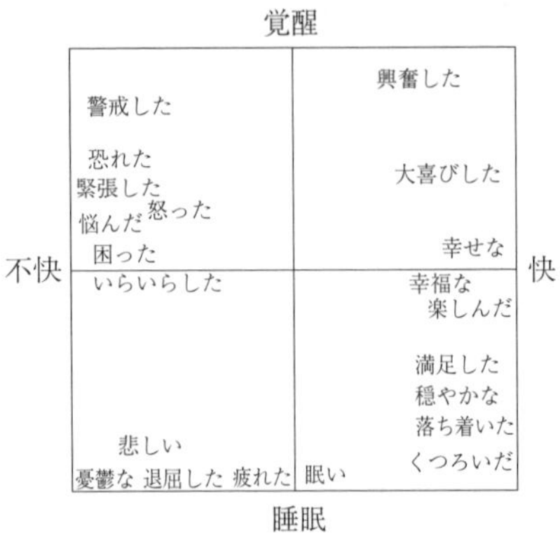

図8-6　ラッセルの情動の円環モデル

情動の種類を考える方法にはもう1つある。表情や感情語の類似性を評定したり，形容詞とその対義語を使って評定し，その結果を統計的に計算することで，感情のカテゴリーを分類する基準となる次元軸を検討しようというやり方である。多くの研究によれば，快と不快は情動を分類する次元となっているという。情動を分類する別の次元として，緊張と弛緩，覚醒と睡眠などの次元が見出されている。たとえば，ラッセルとブロックは快—不快，覚醒—睡眠を用いて情動を分類した（図8-6）。2つの次元をプロットすることによって，情動が二次元的に配置される。基本情動を並べていくとおおよそ円状になることから，情動の円環モデルとよばれる。このように，私たちが感じる主観的経験としての情動が分類整理されている。

4　身体的反応

情動の過程では，さまざまな身体的反応が生起する。たとえば，驚きを感じるときには心拍や呼吸に変化が生じるので，身体的変化から情動を検討することができると考えられる。心理学においては身体的反応を機器等によって計測し，変化を生理的指標としてとらえる。代表的な生理的指標は，心拍，呼吸，血圧，発汗，皮膚温，瞬目などである。これらの反応は，自律神経系とよばれる身体を維持するための神経の働きによって変化する。怒りや恐れを感じたとき，身体的変化として心拍の上昇や血圧の上昇などが生じる。怒りを感じれば攻撃行動を次に行うことが予測され，恐れを感じれば次に逃走という行動が予測されるので，身体が次の行動準備を行うのである。こうした状況では自律神経系のうち，交感神経が次の行動の準備をするように身体の状態を整える。また，強いストレスがかかって不安を生じたりする場合にも，交感神経の活動が優位となる。不安が長期間継続すれば，このような心拍の増加や血圧の上昇などの身体反応も継続されることとなり，身体に負担をかけ続けることになる。

落ち着いた気分でいるときなどは，もう１つの自律神経系である副交感神経が優勢に働いている。このときには心拍が減少したり，血圧が下がったりするなどの身体的反応が生じる。副交感神経が活動しているときには，食物の消化などを行うために胃の活動が活発になるなど，消費したエネルギーをもう一度蓄えるように体の働きが調整される。

自律神経系は視床下部のコントロール下にあり，ここは情動の中枢でもある。情動の過程において中枢神経系でどのような活動が行われるかを計測するため，脳波や脳内血流量の計測なども行われている。しかし特定の身体反応が，そのまま特定の情動が発生したことを示すわけではない。たとえば，急にむずかしい質問をされて手に汗をかいた場合と，スポーツの試合を観戦していて手に汗をかいた場合では，認知的評価も主観的経験も異なっているだろう。生理的指標から情動を考える場合には，どのような認知的評価が行われたのか，どのような主観的経験があったのかを考慮する必要がある。それを踏まえた上で情動の構成要素である身体的変化から情動を考えることは，客観的に測定可能な指標と対応できることになり，有意義なものである。

5　情動の表出

情動過程では，生じた情動に応じた情動の表出が生じる。情動の表出として代表的なものは顔面表情の変化である。顔面表情は，表情筋の収縮によって表出される。表情筋の動作にはある程度決まったパターンがあり，顔面表情には基本情動の分類に対応した基本表情がある。基本表情の分類として現在広く支持を受けているのはエックマンとフリーセンが提唱した表情カテゴリーである。

エックマンらは喜び，悲しみ，怒り，嫌悪，驚き，恐れの６カテゴリーを基本情動とし，これに対応する基本表情をあげている。比較文化研究の結果，基本表情は人類に共通する普遍的なものであると考えられている。たとえば，喜びの表情（図８−７）であれば口角が顔の外側に向かって引き上げられ，口の

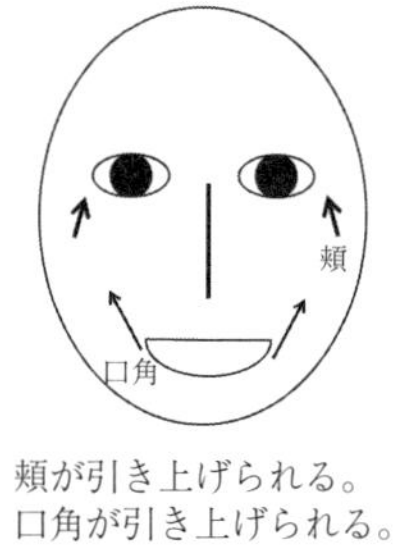

図８-７　喜びの表情表出

形が変化する。また頬の上部がもち上げられ，下瞼が上がり，目尻の外側に皺がよる場合もある。喜びを表情として表出すると，敵意をもっておらず，友好的な対応をしていることを相手に伝えることができる。情動状態を表情として表出することは，対人コミュニケーションにおいて言葉以外の伝達方法，つまり非言語的表現として機能するのである。ただし，表情は情動状態をそのまま表さない場合もある。強い怒りを表情に出さないようにしたり，退屈を感じているのに笑顔を浮かべたりする経験をしたことがあるだろう。怒りをそのまま表出すれば他者に対する攻撃のシグナルとなり，相手に不快を感じさせることになる。対人関係を壊さずに円満に過ごせるように，日本人は情動状態を表情に出さないようにする文化をもっている。こうした文化の影響下にあるとき，表情の表出を抑える表示規則によって，たとえば怒りを表さないように振るまう。つまり，人間が普遍的にもっている表情の表出を抑え込むようにするのである。したがって，日常場面では怒りをそのまま表出した表情ではなく，抑え込んだ結果としての無表情を目にすることが多いのである。

参考文献

大平英樹（編）　2010　感情心理学・入門　有斐閣

行場次朗・箱田裕司（編著）　2014　新・知性と感性の心理——認知心理学最前線　福村出版

鈴木直人（編）　2007　感情心理学（朝倉心理学講座 10）　朝倉書店

安田一郎　1993　感情の心理学——脳と情動　青土社

吉川左紀子・益谷真・中村真（編）　1993　顔と心——顔の心理学入門　サイエンス社

9章　臨床の心理学

ストレス社会といわれる現代では，こころの専門家やこころのケアの必要性が急増している。臨床心理学は，知識や理論をもとにこころの問題をひもとき，その緩和や支援をめざす実践的な心理学である。学校で出会うスクールカウンセラーも臨床心理学の専門家であり，実はとても身近な領域である。本章では，臨床心理学の歴史や特徴，こころの病気や援助の方法について学んでいきたい。

1節　臨床心理学の歴史と現状

臨床心理学は比較的新しい学問であり，欧米を中心に20世紀に大きく発展した。日本においてはそうした欧米での成果を受け，本格的に展開しはじめたのは第二次世界大戦後といえる。現在は，学問として深まり，また活動領域も広まっている。これまでの歴史を大まかに振り返ってみよう。

1　これまでの成り立ち

心理学のはじまりは，1879年ドイツのライプチヒ大学にヴントが心理学実験室を開設したことにあるが，「臨床心理学」という名称は，ヴントのもとで博士号を取得し，1896年に心理クリニックを開設したウィトマーによって初めて用いられた。ウィトマーや彼の指導者であったキャッテル，ゴールトンなどによる個人差に関する研究の流れがのちの心理検査の根底となっている。心理療法のはじまりは，19世紀後半の催眠療法にある。その根底には，世の中に満ちている動物磁気の配分を調整すると病気が治るとした18世紀のメスメルによる治療法がある。当時，メスメルの理論や技法は非難されたが，その後1870年代に，著名な神経学者であったフランスのシャルコーが催眠療法を行ったことにより，治療法として認識されるようになった。その影響を受けたフロイトが，心理療法のはじまりといえる精神分析を創始するに至った。

日本における臨床心理学は，まず明治時代以降に飛躍が見られる。心理学や精神医学のテキストが翻訳され，1875（明治8）年には，公立病院初の精神病院として京都癲狂院（てんきょういん）（癲狂とは精神病者を表す言葉）が設置された。その後も大正から昭和初期にかけて，心理検査が紹介されたり，心理専門職としての雇用がなされるなど徐々に拡大したが，精神障害者への対応や施設の整備は十分といえず，戦後になり精神保健的な視点が導入され大きく展開することとなった。1950年代以降には臨床心理学関連の団体が発足し学会が設立され，学問としての体系化，専門家としての働きが整備されてきたが，資格化に対する混乱が生じ，学術的な方針が一時的に失われることとなった。しかし，1970年代以降には海外で心理療法を学んだ新たな専門家が活躍し，1988年に「臨床心理士」が資格化された。今後は，社会のニーズを汲みとり，臨床の成果を今まで以上に還元できるよう，さらなる発展が必要である。

2　特徴と援助の種類

臨床心理学は，クライエント（心理的な援助を求める人）の抱えている苦しみを軽減しようとする実践的な学問であるとともに，自然科学として人のこころを理解しようとする実証的な学問である。つまり，クライエントとセラピスト（心理的な援助をする人）との間で展開されるストーリー，面接の中で両者に自然とわきあがる考えや感覚を大切にすると同時に，よりよい援助ができるよう理論を構築したり有効性を確証したりすることも重要になる。特定の実践的な見方，実証的な見方に偏ることなくバランスのとれた専門性が求められる。

学校や病院で活躍するための資格には，公益財団法人日本臨床心理士資格認定協会が1988年から認定している「臨床心理士」がある。臨床心理士に求められる職務内容には，個人の独自性や抱えている問題を適切にとらえ，もっとも望ましい援助を提供すること（心理査定；心理アセスメントと同義），援助に際する中心的な専門行為として，問題を語り合い共有する面接を行うこと（心理面接），個人の援助にとどまらず，地域全体など集団への支援活動も行うこと（地域援助），客観的な科学性と実践性の両方を育むために，専門技術や知識についての基礎調査や研究を行うこと（調査・研究）の4つが明記されて

表9-1　臨床心理士の援助の提供場所の例

領域	具体的な活躍場所の例
医療・保健	・病院，クリニック　・精神保健福祉センター ・保健所　・リハビリテーション施設
福祉	・児童相談所　・児童福祉施設 ・障害者施設　・子育て支援センター
教育	・スクールカウンセラー　・教育相談室 ・教育センター
産業・労働	・企業内にある健康管理相談室 ・職業安定所（ハローワーク） ・従業員援助プログラム（EAP）によるサービス
司法・法務・警察	・家庭裁判所　・少年鑑別所，少年院 ・刑務所　・警察関係の相談所
私設心理相談	・臨床心理の専門家が個人またはグループで運営する心理相談センターなど
大学・研究所	・学生相談 ・大学附属の臨床心理センター

（一般社団法人日本臨床心理士会 HP を参考に筆者が作成）

いる。また，表9-1に示したように，臨床心理士の援助の対象は，医療領域や教育領域などさまざまである。

2節　心理アセスメントとは

心理アセスメント（心理査定）の目的とは，クライエントの性格や考え方の傾向，気分や感情の状態を，ネガティブな側面だけでなくポジティブな側面からも推測し，現在抱えている問題の理解や解消に役立てることである。心理アセスメントの基本的なポイントとさまざまな心理検査を紹介する。

1　心理アセスメントの流れ

アセスメントは，基本的にはクライエントとセラピストが1対1で話し合う面接場面で行われる。まず，なぜ専門的な機関に相談に訪れることになったのか，今どんなことにもっとも困っているのか，問題はいつから続いているのかなどについてじっくり耳を傾ける。抱えている悩みを少しでも解消したくて訪れたのか，問題意識がなく周囲にうながされるままに訪れたのか，人によってさまざまである。また，現在の悩みはいろいろな事柄が絡み合い，時間をかけて成り立っていることが多いため，話の順序が前後したり，漠然とした内容になってしまうこともよくある。セラピストが整理しながら，冷静に，思いやりをもって聴くことが大切である。

ただし，一度の面接ですべてを聴きとろうとしたり，完璧にアセスメントする必要はまったくなく，時間をかけて見立てを修正しながらクライエントを理解していくことが大切である。セラピストには思いやりのある態度だけでなく，パーソナリティの理解に関する理論や技法，こころの病気に関する知識などを習得していることが求められる。

2　心理検査

心理検査は，決まった手順や道具を用いてクライエントの気分，知能や性格傾向などを推測するものである。心理アセスメントの手段の１つとして大変重視されている。表９−２に代表的な心理検査と実施の複雑さとの関係を示した。

(1) 質問紙法

質問紙法はあらかじめ決められた質問項目に回答してもらうことで，現在の気分状態や性格の傾向を把握するものである。実施が簡単で結果がわかりやすい点が長所であるが，得られる情報は限定的である。

(2) 知能検査法

知能検査法は単に知能指数を算出するものではなく，新しい課題場面に適応し効果的に対処するための能力を幅広く客観的にとらえるものである。クライエントの現在の能力の程度，得意な領域，問題解決場面から予測できる性格傾向などを明らかにし，今後の生活や治療に役立てる。得られる情報が多い反面，実施に際する被検者の負担が大きい点が短所である。

(3) 投影法

投影法は，自由度の高いあいまいな刺激に対する反応を考察することによって，パーソナリティの全体像をつかむことを目的とした検査である。面接で現れにくい個人の葛藤，欲求や衝動などを見つめ，病理の深刻さを推測することができる反面，検査の実施には時間や手間がかかり，その解釈も検査者の熟練

表9-2　実施の複雑さによって分類した代表的な心理検査の例

		実施が容易	実施が複雑	実施が極めて複雑
質問紙検査	人格等	・YG（矢田部・ギルフォード性格検査） ・MPI（モーズレイ性格検査） ・TEG（東大式エゴグラム）	・MMPI（ミネソタ多面人格目録） ・TPI（東大版総合人格目録）	
	気分・健康等	・SDS（うつ性自己評価尺度） ・STAI（状態・特性不安検査） ・GHQ（精神健康評価票） ・POMS（Profile of Mood States）		
知能・発達検査		・DAM（グッドイナフ人物画知能検査） ・コース立方体組み合わせテスト ・レーブン色彩マトリックス ・JART（Japanese Adult Reading Test） ・遠城寺式乳幼児分析的発達検査	・田中ビネー知能検査V ・新版K式発達検査 ・WPPSI知能診断検査	・WISC-Ⅳ知能検査 ・WAIS-Ⅲ成人知能検査
投影法			・バウムテスト ・SCT ・描画テスト ・P-Fスタディ ・ソンディテスト	・ロールシャッハ・テスト ・TAT（絵画統覚検査）

度や主観の影響を受けやすい。

3節　こころの病気

こころの問題は比較的軽度なものから深刻なものまでさまざまであり，ストレス場面に対する感じ方や対処にも大きな個人差がある。ストレスの強さとその人の感じやすさとのバランスが大きく崩れると，不適応状態に陥り，こころの病気が生じるおそれが高まる。代表的なこころの病気に関する正しい理解と接し方を紹介する。

1　統合失調症

統合失調症は，現実にはあるはずのないものが見えたり聞こえたりする幻覚や幻聴，悪の組織にねらわれているなどの非現実的な考えをもつ妄想などの陽性症状，反対に生き生きとした思考や感情が失われる陰性症状を主な症状とする精神障害である。発病率はおよそ100人に1人である。治療薬の発展もあり，現在では早期介入し適切な治療を行うことで，日常生活が送れるほど回復できる人も多い。

治療は，まず幻覚や妄想などの陽性症状に対して，不安や興奮を鎮め気持ちを安定させる抗精神病薬を用いて症状の緩和をめざす。落ち着いて過ごせる時間が増えてきたら，再び悪化することのないよう通院や投薬を続けながら生活スタイルを整える。接する際には，受容的に無理をしないよう見守る態度が必要である。妄想の内容については，強引に否定する必要はないが，むやみに肯定しないよう注意が必要である。「私はそう思わないけれど，あなたはそんなふうに感じているんですね」と相手を思いやる姿勢が大切である。

2　うつ病と双極性障害

うつ病は，ほとんど1日中憂うつな気分が続き，自己の存在価値を見いだすことができず，意欲や集中力の低下，睡眠の減少や増加などが生じる精神障害である。一方，双極性障害（いわゆる躁うつ病）は，気分が高揚し活動性が高まる躁状態とうつ状態が交互に生じる（表9－3）。どの年齢でも発症する可能

表9-3　うつと躁の症状

〈うつの症状〉	
憂うつな気分	疲労感
興味や喜びの減退	無価値感や自責感
体重の減少や増加	集中力の低下
不眠や過眠	決断のできなさ
思考活動の興奮や緩慢	死や自殺への考え
〈躁の症状〉	
自尊心の肥大	活動性の増加
睡眠欲求の減少	見通しのない行動
多動や多弁	考えが次々と浮かぶ
注意散漫	

性があるが，うつ病は若年者，中高年者に多く，男性よりも女性のほうが罹患しやすいといわれている。双極性障害は20～30代に多いといわれている。

治療は薬物療法を中心に行い，必要に応じて心理療法が導入される。また，再発しないよう，心理教育として回復後の生活の注意点を医療スタッフや家族とよく話し合うことが大切である。接する際には，うつ状態の場合には，生きていること自体が苦しく，自分自身や今後の生活などすべてに希望がもてない状態であることを念頭におきたい。無理をさせず心身の休養を第一に，あたたかく見守ることが大切である。

3　発達障害

発達障害とは，発達していく過程で，もののとらえ方や行動，人とのコミュニケーションなどに独特な傾向が生じ，社会への適応がうまくできなくなる状態である。近年では，さまざまな発達障害を包括して「自閉症スペクトラム障害」の名称でよばれることがある。特徴としては，人とのかかわりが苦手で表情や感情をうまく読みとれず対人関係を築くことができない，くりかえしの行動やある事柄へのこだわり，感覚の過敏さや鈍感さ（音や温度への感じ方の違い）などがあげられる。その一方で，ある事柄に極端に秀でており，高い能力を発揮することがある。

発達上の特徴であるため，こうした独特の反応や行動を無理に変えようとすることは大きな苦痛になる。それよりも，周囲がうまくいっていない部分を理解し，生活場面での問題が減少するよう協力することが必要である。あいまいな言い方は避け短い言葉で1つずつ指示する，相手の状況や気分が理解できるようサポートする，できている部分を支持する，変更事項があるときにはあらかじめ知らせるといった工夫が必要である。こうした働きかけによって，自分なりにやりやすい方法を見いだしたり，人との接し方を学べることも多い。

4　パーソナリティ障害

1人ひとり性格の違いがあり，それは通常は個性としてとらえられる。しかし，ものの見方や考え方，感じ方などが一般的な程度と比べて著しく偏り，それによって不適応に陥ったり人間関係がうまく築けなかったりして，本人や周囲が苦しんでいる場合には，パーソナリティ障害とよばれることがある。パーソナリティ障害は，その特徴に応じたA群からC群の群分けと10の類型がある（表9−4)。

パーソナリティ障害は，ある一時期に発病する他の精神障害とは異なり，もともと有している性格の傾向と育った環境との影響で徐々に偏りの程度が顕著になると考えられている。したがって，治療は，偏りの程度を治すことではなく，必要に応じて薬物療法をしながら，少しでも日常が楽に送れるように働きかけることが中心となる。接する際には，気分や態度の変わりやすさ，感情や考えのつかみにくさなどでとまどう場合もあるが，一貫した態度でほどよい距離感を維持しながらかかわることが大切である。

表9-4　パーソナリティ障害の類型

〈A群〉	
猜疑性パーソナリティ障害／妄想性パーソナリティ障害	他者への不信感が強く，被害的に感じやすいため，安心できる対人関係が築きにくい。
シゾイドパーソナリティ障害／スキゾイドパーソナリティ障害	内向的で，自分の内的世界にとどまることを好み，他者との交流に対して関心が薄い。
統合失調型パーソナリティ障害	風変わりな考えや感覚をもつが，統合失調症のような明らかな症状は認められない。
〈B群〉	
反社会性パーソナリティ障害	反社会的な行動をしてしまうが，自責感を感じにくく，実は内的な冷淡さがある。
境界性パーソナリティ障害	空虚感や感情の不安定さがあり，他者との安定した関係が築きにくい。
演技性パーソナリティ障害	他者の気を引くために演技的な行動を示す。他者との関係は表面的で深まりにくい。
自己愛性パーソナリティ障害	自信過剰だが，他者評価にはとても敏感である。人に対する共感性に欠けるところがある。
〈C群〉	
回避性パーソナリティ障害	他者との交流を望んでいる反面，拒絶におびえ，対人関係や社会参加がうまくいかない。
依存性パーソナリティ障害	特定の人に強い依存心を抱き，服従的に振るまう。自分でできる決断すら避ける場合がある。
強迫性パーソナリティ障害	過度な几帳面さや完全主義により，他者とうまくかかわったり，融通をきかせて行動できない。

4節　こころの援助

心理面接は，こころの問題を抱えているクライエントが，こころの専門家であるセラピスト（カウンセラーともよばれる）とさまざまな事柄を話し合い，心理的変化を得る過程である。自分自身の新しい側面を発見したり，どんな流れで現在に至っているのかを見つめ直したりすることができ，苦しみの緩和や葛藤の解消につながる。いろいろな心理面接の技法について紹介する。

1　精神分析

精神分析は，20世紀初頭にオーストリアの精神科医であるフロイトによって提唱された治療法である。フロイトの理論の特徴は，症状や行動には「無意識」にある感情や想いが影響していると考え，それらを「自由連想法」で解明しようとしたことである。自由連想法とは，寝いすに横になり頭に浮かんできたことをためらわず次々と自由に述べることで深層心理を明らかにしようとする技法である。クライエントとセラピストのやりとりの中で，たとえば両親などとの関係が無意識のうちに再現されたり，現在の自分自身の葛藤を緩和することに無意識の抵抗が生じたりすることを通して，自己理解につなげていく。

現在ではこのような寝いすを使用した治療法を行うことはほとんどなく，精神分析の理論をもとにした対面式の心理面接が一般的である。しかし，フロイトの精神分析はその後の精神医学の基礎となるだけでなく，他分野にまで非常に大きな影響を与えた。

図9-1　フロイト

2　分析心理学

分析心理学は，スイスの精神科医であるユングによって提唱された。ユングの理論の特徴は，個人が各々にもっている「個人的無意識」と人が共通にもっている「普遍的無意識」があると考えたこと，また，人の性格を外向・内向という方向性と思考型・感情型・感覚型・直観型という4類型とのバランスで考えたことがあげられる。さらに，フロイトの自由連想法に対して，ユングは夢によって本来の欲求などを発見することができるとし，夢の内容から連想を行う「夢分析」を提唱した。

ユングはフロイトの理論に深い感銘を受け，一時期は師弟関係のような強い絆が築かれた。しかし，フロイトの性的なエネルギーを中核とする考えに疑問をもちはじめ，彼と離別することになった。

3　行動療法

行動療法は，客観的に観察できる行動を介入の対象とする心理療法である。不適応行動は誤った学習の結果であるため，正しい学習をやり直せば適応的な行動が身につけられると考えられ，1950～1960年頃にアイゼンクやウォルピによって広められた。

行動療法の背景には，レスポンデント条件づけ，オペラント条件づけ，モデリングなどの「学習理論」がある。レスポンデント条件づけをもとにした「系統的脱感作」では，不安や恐怖を引き起こす対象に相反するリラックス反応（脱感作）を伴わせることによって不安や恐怖を解消する。たとえば，電車の乗車に恐怖を感じる場合には，まず駅まで向かうことをイメージし，恐怖心が生じなければ駅のホームへ向かうことをイメージするなど，段階ごとに進めていく。オペラント条件づけをもとにした「トークンエコノミー法」では，目標の行動を定め，正しい反応が生じたらトークンとして報酬を与える。落ち着きのない子どもに，座って授業を受けるなどの望ましい行動ができた際にトークンとしてのシールを与え，シールがたまると報酬（たとえばお菓子など）と交換できるという方法である。

行動療法は，誰にでも共有できる客観的で現実的な反応を対象にしているが，近年の行動療法は，より個人の内面を考慮した細やかな技法へと発展している。

4　クライエント中心療法

クライエント中心療法は，1940年代にアメリカの心理学者ロジャーズによって提唱された心理療法である。ロジャーズは，それまでの心理療法の中心であったクライエントに対するセラピストの指示的な態度に疑問をもち，クライエントの力を信じて考えや気持ちを尊重し，その人なりの成長を支える非指示的な態度を大切にした。また，クライエントの自己理解をうながすために必要な3条件をあげた。それは，クライエントをそのまま受け入れ，どんな態度や感情を示しても成長する存在として尊重する「無条件の肯定的配慮」，クライエントの内的な世界をセラピスト自身のもののように体験しようとする「共感的理解」，セラピスト自身が自分の感情や考えに気づき，クライエントの前でもそれを偽ることなくあろうとする「純粋性（自己一致)」である。

ロジャーズの理論は日本の心理療法に大きな影響を与え，クライエントとの臨床心理学的な関係を築く基礎として，派閥を超えた共通認識となっている。

5　認知行動療法

認知行動療法は，認知療法と行動療法をもとに1990年代頃からさかんになり，ものの見方や考え方などの認知的側面と，活動や感情表現などの行動的側面との両方に焦点をあて，実際的な問題解決をめざす心理療法である。

その特徴は，ストレスを感じる出来事や環境，それに対する考えやイメージ，実際にとる行動，身体に生じる反応，わきあがる気分や感情など，クライエントの訴えを具体的に整理し，現実的な対処方法を探っていく点である。たとえば，考え方のくせが自覚できるよう，日常の出来事とそれに対する思考や感情をホームワークとして表に記録し，それをもとに面接で話し合う。

専門家が取り入れやすいよう技法が明示され，クライエントにも治療目標が見えやすく，効果が実証されている点が他の心理療法と異なる。

6　日本の心理療法

森田療法は1919年，精神科医である森田正馬（もりたまさたけ）により提唱された。森田はもともとの神経質な性格傾向をもつ人が，自己の心身の状態に注目しとらわれてしまうことによって不適応に陥ると考えた。ただ横になることを求められる絶対臥褥期，簡単な作業に取り組む軽作業期，比較的高度な作業に取り組む重作業期，日常生活への復帰をめざしより複雑な作業を行う生活訓練期からなる独自の入院治療を行った。こうした期間を経て，「あるがまま」を受け入れ，人に本来備わっている「生への欲望」を取り戻すことを目的とする。現在では，

図 9-2　森田正馬

通院による方法も用いられている。

内観療法は，1960 年代に吉本伊信（よしもといしん）によってまとめられた浄土真宗の考えをもとにした心理療法である。もともとは，断食などの厳しく制限された環境下で自己のあり方や行いを見つめ直すという浄土真宗の身調べという修行法であり，これを一般に利用できるように修正した。方法としては，自分の身近な人（父親，母親，夫，妻，子どもなど）に対して生まれてから現在まで「世話になったこと」「してあげたこと」「迷惑をかけたこと」の 3 つについて，数年に区切って思い出し語るというものである。これを通して，自分を振り返り理解を深め，自分が大事にされていたことなどをあらためて体感し，他人への信頼や安心を回復させる。

参考文献

現代思想　臨時増刊　総特集フロイト　1977　青土社

平木典子・襲岩秀章（編）　1997　カウンセリングの基礎――臨床の心理学を学ぶ　北樹出版

松下正明　2009　みんなの精神医学用語辞典　弘文堂

西丸四方・西丸甫夫　2008　やさしい精神医学〔改訂 5 版〕　南山堂

野村総一郎・樋口輝彦（監修）　尾崎紀夫・朝田隆・村井俊哉（編）　2015　標準精神医学〔第 6 版〕　医学書院

坂野雄二（編）　2005　臨床心理学キーワード〔補訂版〕　有斐閣

下山晴彦（編）　2009　よくわかる臨床心理学〔改訂新版〕　ミネルヴァ書房

10章　社会の心理学

私たちは家族や友人，近隣の人びとなど他者とのかかわりの中で社会生活を送っている。他者とかかわることで，思考や行動，感情や認知などに影響を与えあう。この章では，他者との相互関係によって生じるさまざまな現象について考えていこう。

1節　社会の中の自分

1　自己概念

自分がどんな人間かを自分自身で定義することを自己概念という。自己概念は“Who am I”という質問に回答した内容を分析して知ることができる。“Who am I”テストでは，“I am”の回答内容が「私は20歳です」「私は男性です」のような客観的記述なのか，「私はやさしいです」のように主観的記述なのかを検討し，どの程度，社会的な枠組みの中から自分自身を認識しているかを知ることができる。

2　自己知覚と原因帰属

ある出来事に遭遇したとき，その原因を推測することを原因帰属という。原因帰属のパターンは自分と他者とでは差異がある。たとえば友人が忘れ物をしたとき「うっかりした性格だ」と，性格に原因を感じる。しかし自分が忘れ物をしたときには「今日は忙しかったからだ」と感じる。このように自分自身の行動は，偶然などの外的原因のためだと認識しがちなのに対し，他者の行動は，その人の性格つまり内的原因があると判断してしまう。これを原因帰属の錯誤という。

他者の行動はその人の内的原因から引き起こされると認識するため，他者の行動の原因を知ろうとする。しかし他者の行動は内的原因だけでなく，外的原因からも引き起こされる。自分自身の場合でも内的原因から行動が引き起こされることもある。

3　自己効力感

ある状況で必要な行動を効果的に遂行できるという確信を，バンデューラは自己効力感と定義した。単位取得のため試験に合格しなければならない。そのとき「勉強すれば単位を取得できる」と自分に対して確信する必要がある。自己効力感は勉強する行動をとれば，単位取得できるという結果期待と，試験勉強をする行動を遂行できるだろうという効力期待の２つの下位概念から構成されている。

努力しても結果が得られないと確信してしまえば，自発的にものごとに取り組むのが困難になる。しかし「自分はできる」という確信をもつ自己効力感があれば，継続的に努力をすることができるだろう。自己効力感は行動の選択や持続，努力の必要性の認識に影響を与えている。

2節　他者とのかかわり

1　対人認知

初対面の人と接触したとき，相手の外見や言葉づかいなどを手がかりにして感情や性格，動機などを予測し，その人がどのような人かを判断することを対人認知という。

しかし他者に関する手がかりを豊富に得たとしても，他者を正確に認知する

表 10-1　対人認知に歪みを生じさせる要因

1	ハロー効果	望ましい特性をもっていると，他の特性も好ましいと思い込むこと
2	包装効果	ある特性をもっていると，別の特性ももっていると思い込むこと
3	寛大効果	好きな人の好ましい特性を過大評価し，好ましくない特性を過小評価すること
4	投射効果	自分がもっている好ましくない特性を他者に見つけ出し，あたかもその人の特性であるかのように思い込むこと

表 10-2　実験で用いた人物リスト①（アッシュによる）

［人物 A のリスト］
知的な―器用な―勤勉な―温かい―決断力のある―実際的な―用心深い
［人物 B のリスト］
知的な―器用な―勤勉な―冷たい―決断力のある―実際的な―用心深い

表 10-3　実験で用いた人物リスト②（アッシュによる）

［人物 C のリスト］
知的な―勤勉な―衝動的な―批判力のある―強情な―嫉妬深い
［人物 D のリスト］
嫉妬深い―強情な―批判力のある―衝動的な―勤勉な―知的な

ことはむずかしい。それは，他者を正しく認識することを阻止する要因が働くからである。表 10－1 は，対人認知に歪みを生じさせる主要な要因である。

2　印象形成

アッシュは 2 種類の特性語のリストを読み上げて，被験者に架空の人物の印象を評定させた。それらのリストは「暖かい」と「冷たい」だけが異なり，他の特性語はすべて同じだったが，印象形成には大きな差が見られた（表 10－2）。「暖かい」という特性のある人物には好意的で，「冷たい」の特性のほうには非好意的で，他の特性語よりも「暖かい」「冷たい」という特性に注目して人物全体の印象形成を行うとアッシュは考え，それを中心効果とよんだ。

また特性語の呈示順序によっても，印象形成が異なる。アッシュは表 10－3 にあるように，前後の順序が逆になっている特性語のリストを被験者に示した。この実験では，最初に「知的な」で始まるリストには肯定的な，「嫉妬深い」で始まるリストには否定的な印象形成がなされた。最初に与えられた特性語が，後の特性語の意味を方向づけして，人物の印象形成に影響を与えたため，これを初頭効果と名づけた。

3　対人魅力

対人魅力とは他者に対する好意的・非好意的な態度を指す。どのような状況で他者に魅力を感じるのかについて考えていく。

(1) 身体的要因

ウォルスターたちはコンピュータが似合いの相手を選ぶと説明して，ダンスパーティに大学生を参加させた。その後，相手に対する好意度と，またデートをしたいかどうかを調べた。結果を見ると男女とも自分の身体的魅力とは関係なく，相手の身体的魅力が高いほど好意度も強くなり，デートの回数にも差が見られた。別の研究では，男女の写真を呈示して被験者に写真の人物の性格を評定させたところ，身体的魅力が高い人物のほうが社会的に望ましい性格特性をもつと評価された。

(2) 単純接触効果

何度も見たり，聞いたりしているうちに次第にある対象に好意的感情が生じてくる。ザイアンスは大学生の卒業写真とトルコ語の単語を，回数を変えて被験者に呈示した後，それぞれの刺激への好意度を調べた。すると，人はなじみのないトルコ語の単語よりも，卒業写真のように見慣れたもの，つまり接触頻度が高い対象を好む傾向があることが明らかになった。これを単純接触効果という。この効果は肯定的あるいは中立の感情で対象に接触した場合にのみ作用する。

(3) 近接の要因と類似の要因

親しくしている人は自分と似ていることが多い。ニューカムたちは，学生寮での親密化に関する研究を行った。入寮前に大学生たちは政治的・社会的態度を調査され，その後，自分と似た態度を取ると思う人の名前を書いた。入寮当初，親しくしていたのは同室や近くの部屋の学生が多かったが，学期の終わりには自分と類似した態度をもっていると思われる学生同士が親しくなっていた。つまり他者と親密になるには，最初は近接の要因が重要であるが，やがて共通点が多い類似の要因が重要になっていくのである。

3節　態度と態度変容

1　態度とは

オルポートは態度について，人が事物や人物，社会的事象に対し一定の仕方で反応するように学習した傾性であり，後天的にさまざまな経験や学習を通し

表 10-4　態度形成の基本的要因

1	自分の欲求を満足させてくれる対象に，好意的な態度をもつ
2	対象に関する情報の有無，情報の内容に基づいて態度はつくられる
3	自分が所属している集団の考えに影響されて態度はつくられる
4	個人の性格特徴によって，態度の形成に違いがあらわれる

表 10-5　態度の成分

1	認知的成分	「善―悪」のように対象に対する信念を含む
2	感情的成分	「好き―嫌い」のように対象への感情を含む
3	行動的成分	「○○する―○○しない」のような対象への接近と回避を含んだ行動傾向

て形成されると定義した。これは，人間や動物，さまざまな対象物や，美醜や善悪のような抽象的な事柄に対する比較的一貫したものの見方や考え方，つまりこころの構えのことを指す。

(1) 態度形成の基本的要因

クレッチらは，態度とはさまざまな対象に対する評価や感情，行動からなる持続的なシステムであると定義した。態度形成の基本的な要因を表 10−4 にまとめた。

(2) 態度の 3 成分

ローゼンバーグは態度を認知的成分，感情的成分，行動的成分から構成されていると説明した（表 10−5)。これらの 3 成分は相互に密接に関連しあい，一貫性を保とうとする傾向がある。そのため 1 つの成分が変化すると他の 2 成分も変化しやすくなる。

2　態度変容

ある対象に対する態度とそれに関連した認知要素間に矛盾が生じた場合，私たちは態度を変化させる。人は矛盾した認知要素をもつと不快な緊張感を生じる。これを解消するために人はそれぞれの認知要素を一貫したものにしようと態度を変化させる。

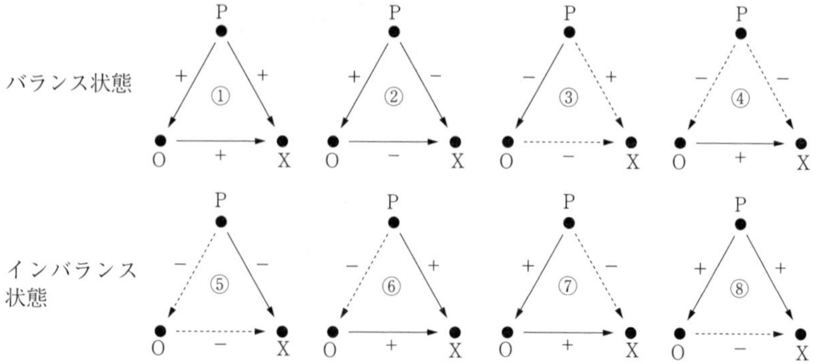

図 10 - 1　POX モデルのバランス状態とインバランス状態（ハイダーによる）

(1) バランス理論

ハイダーは，自分と他者，ある対象への態度との関係を調和がとれたバランス状態と不調和なインバランス状態の 2 つに分けて考えた。図 10－1 は，自分と他者，両者に関連のある対象に対する態度の三者間の関係を示している。P は自分，O は他者で，X は両者に関係のある対象を指す。三者間の関係はプラスとマイナスに符号化され，三角形の矢印の符号の積がプラスのときにはバランス状態，マイナスのときにはインバランス状態となる。

具体的な例で考えてみよう。P さんは X ブランドのスニーカーを愛用していた。しかし P さんが嫌いな O さんも同じ X ブランドのスニーカーが好きで，あるとき偶然，学校で同じスニーカーを履いていた 2 人が出会ってしまった。これは，⑥に相当するインバランス状態である。このような不快な緊張状態を解消するためには，P さんがこの X ブランドの靴を愛用するのを辞めるか，P さんが O さんを好きになる，あるいは O さんがその X ブランドの靴を嫌いになったならば，バランス状態は回復するのである。

(2) 認知的不協和理論

フェスティンガーは，1 人の人間の中で関連のある複数の認知要素間に矛盾が生じたとき，人は不快な緊張状態に陥ると仮定した。これは認知的不協和状態とよばれ，人はその不協和状態を解消するような行動を起こそうとする。

喫煙を例にあげて考えてみよう。「タバコを吸う自分」が「喫煙は健康に悪い」ことを知っていると，「健康によくないのに，タバコを吸っている自分」という矛盾が生じる。これが認知的不協和の状態である。喫煙者はすぐに禁煙するのがむずかしいため，「健康に悪い」ことを否定しようとして，「タバコよりももっと害になる物質がある」「喫煙していても，祖父は90歳まで長生きした」などの情報を集めて，不協和を低減しようとする。

3　スリーパー効果

送り手の情報が正しいこと，情報量が豊富なこと，そして送り手を信頼することが，受け手の態度を変えるのに有効である。ホヴランドとワイズは，2つのグループの大学生にある薬の効用に関する文章を読んでもらい，信憑性の高い情報源と低い情報源ではそれを読む前と読んだ後ではどのように意見が変わるかを調べた。その結果，同じ内容のメッセージでも医学専門誌のほうが一般雑誌よりも説得効果が高く，説得直後には，医師のような専門家のほうが受け手を説得しやすいことが明らかにされた。

信憑性とは，送り手に専門知識があり，その知識を広く誠実に伝えていると受け手から思われている信頼性から構成されている。ほとんどの場合，説得の効果は時間の経過とともに減少していく。しかしホヴランドとワイズの実験では信憑性の低い送り手の説得効果が4週間後に増加していた。これは時間の経過とともに送り手に関する記憶が失われ，メッセージそのものの効果が現れてくるために生じると考えられている。この現象はあたかも眠っていたかのようだとして，スリーパー効果とよばれている。

4節　援助と攻撃

1　援助行動

援助行動とは，困難な状況にいる他者を支援する行動である。私たちが緊急場面に遭遇して助けを求められたとき，すぐに応じることができるだろうか。

1964年，ニューヨークの住宅街の路上で，深夜に帰宅途中だったキティという若い女性が殺害された。彼女は30分もの間，助けを求め逃げ回っていた。その間，38人もの目撃者がありながら，誰1人として警察に通報した人はい

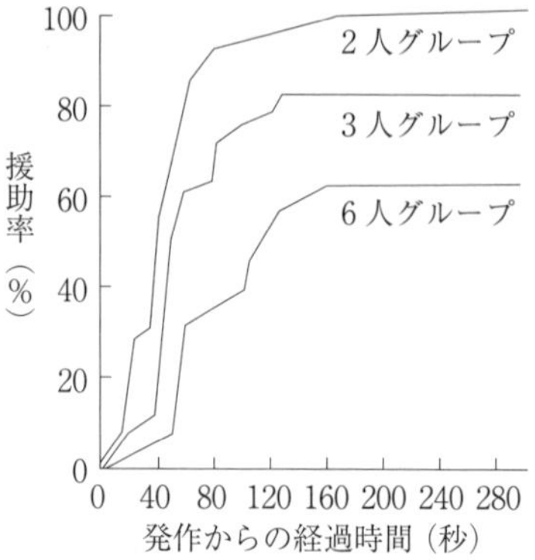

図 10-2　緊急場面における援助行動の開始（ラタネとダーリーによる）

なかった。この事件から，大都市の生活者が他者にいかに冷淡で無関心であるかが指摘された。

この事件をきっかけとして，ラタネとダーリーは，都市の住人の個人的な要因や都市生活の特性だけでなく，個人的な状況要因が援助を必要とする緊急場面における行動に関連していると考えた。そこで彼らは援助が求められるような緊急場面を実験的に設定し，目撃者の心理と行動を検証した。

まず被験者の大学生たちに個室に入ってもらい，インターホンを使用して発言する討論会を実施した。討論会の最中，1人の学生が発作を起こす緊急場面が生じる。この学生は実験者とあらかじめ打ち合わせをしたサクラで，サクラが発作を起こす演技に対して，目撃者である他の学生が援助行動をする経過を調べた。

図 10－2は，実験の結果を示したものである。2人条件（被験者1名，サクラ1名）のときが，もっとも迅速に援助行動が現れた。そして目撃者の数が増加するほど援助行動が現れにくい結果となった。「他の人が助けるだろう」という思いが責任を分散させる傍観者効果を生み出し，援助行動を抑制させたのである。そして目撃者の数が多いほど，援助しなかったと直接非難されるのを避けることができるため，援助が行われにくいことも明らかになった。

2　攻撃行動

コンピュータゲームやテレビの攻撃的な場面にくりかえし接触するため，未成年がその影響を受けて，暴力のような攻撃行動を取るのではないかと指摘されている。

攻撃とは，他者のこころや身体にダメージを与えることを意図した身体的・言語的な行動のことである。攻撃性を，生まれながらのものと仮定する生得説と，日常のさまざまな出来事を学習したり，経験することによって後天的に身につけていくと仮定する立場がある。

(1) 生得説

フロイトは，人間には生の本能（エロス）と死の本能（タナトス）があり，死の本能が自分に向かうと自殺，外部に向かうと他者や社会を攻撃すると説明した。また比較行動学者のローレンツによれば，動物が生存していくために攻撃性は必要不可欠であり，鋭い牙や爪を武器にする動物ほど攻撃行動を抑制する。しかし強力な武器をもたないウサギのような動物は，相手のすがたが見えなくなるまで攻撃を継続する。ローレンツは，人間は攻撃性を抑制せず，強力な殺人兵器を使って同族を殺し合う動物だと指摘した。

(2) フラストレーション攻撃仮説

ダラードとミラーは，欲求不満が人の攻撃行動を引き起こすと考えた。人は，他者の行動や状況によって自分の欲求の充足が阻止されると，欲求不満（フラストレーション）状態が引き起こされる。そのため欲求不満が高まると，不快な緊張状態を解消する手段として，欲求不満を生じさせ相手を攻撃する。しかし相手の報復力が高かったり，攻撃がむずかしい対象であったりした場合，欲求不満を生じさせたのとは無関係な対象を代償的に攻撃して自分の欲求不満を解消することもある。

(3) 社会的学習説

バンデューラたちは，子どもが攻撃行動を観察学習することを明らかにした。人は他の人びとの行動を学習することによって，自分の行動に変化をもたらすことができる。これは他者の行動をモデルとした観察学習（モデリング）という。

バンデューラたちは，幼稚園児を4群に分けて実験を行った。①おとなが人形を蹴ったり殴ったりしている様子をじかに見せる条件，②その場面を録画したビデオを見せる条件，③黒猫がビニール製の人形を殴ったり蹴ったりする条件，④何も見せない条件（統制条件）を設定した。まず子どもを非常に魅力的なおもちゃが置いてあるプレイルームで遊ばせる。次に子どもがそのおもちゃで熱中して遊んでいるときに，突然，遊びを中断させて別室に連れていく。そのため欲求不満状態に陥っている子どもが別室でどのような行動をするのかを記録した。その結果，子どもたちは攻撃的なモデルを観察した後，モデルが男性だったとき，女児よりも男児にモデルをまねた攻撃的行動が多く見られた。子どもが攻撃的なシーンに接すると攻撃的な行動を助長するが，これは子どもたちが攻撃的な行動を観察学習するためである。

(4) 手がかり説

バーコヴィッツらは，あらゆる不快な感情が攻撃行動を引き起こすと考えた。そして不快な感情が生じているときに攻撃の手がかりとなるものを見ることによって，攻撃行動が生じるのである。彼らの実験では，被験者を欲求不満状態にさせ，その報復を行う機会を意図的につくり出した。その結果，何も置いていない条件よりも銃が置いてある条件，テニスのラケットが置いてある条件よりも，銃が置いてある条件の被験者のほうに攻撃行動が生じた。つまり，銃は人を攻撃するのに有効な道具であるという意味づけとともに，銃が攻撃行動の手がかりになっていたことも明らかになった。

5節　社会的影響

1　権威への服従

権威者が命令を下し，それに人びとがしたがった結果，多くの残虐な事件や戦争が起きている。権威者から下された命令が，自分の意に沿わないものであっても，それにしたがって行動することを服従という。人はなぜ，権威者の命令にしたがって行動するのか。命令にしたがって行動した人びとは，冷血で残酷な性格の持ち主だったのだろうか。

ミルグラムは権威に服従して行動した結果，人がいかに残酷になりうるかを実験的に検証した。実験では，被験者を2人1組にして，教師役と生徒役をくじ引きで決めた。実際には生徒役は実験者が準備したサクラで，教師役はそのことを知らない。教師役は生徒役に単語のリストを読み聞かせて暗記させた後，憶えた単語を再生させた。生徒役は誤回答をするたびに15ボルトから450ボルトまで30段階に設定された電気ショックを与えられる。実際には電気は流れておらず，生徒役のサクラは苦しみの演技をしている。教師役がその様子を見て，実験者に実験の中止を申し出ると，実験者は実験を続行するように指示した。教師役が二度続けて実験の中止を申し出たとき，実験は終了する。

ミルグラムたちは，教師役のほとんどの被験者は生徒役が苦しむと，すぐに実験中止を申し出ると予測した。しかし実際には教師役の被験者の65%（40人中26名）が，実験者の命令にしたがって実験を続け，最高450ボルトまで電圧を上げた。

それではどうして，このような命令に対する服従が生じたのだろうか。教師役の被験者は，「実験をやめたかったが，実験者が続けるようにいったのでそのまま続けた」と報告した。この事実から，命令が合法的な権威から下されている場合，良心に左右されずに権威からの命令を実行しうることが明らかになったのである。

2　同調行動

集団では，成員に対して斉一性への圧力が存在する。この圧力が働くため，自分の態度や行動を所属集団の規範に合わせることを同調行動という。

アッシュは大学生を被験者にして同調行動の実験を行った。まず数名の被験者に図10－3(a)の標準刺激を見せる。次に(b)の図版を見せて3本の線分のうち，どれが標準刺激と長さが等しいかを判断するよう求めた。サクラたちは18種類ある課題の判断を1人ずつ座席の順番に回答していく。3試行目からは，サクラ全員が誤った回答をくりかえす。すると，最後から2番目の席で回答する本物の被験者は，他の被験者の回答をおかしいと思いながらも，その回答に同調してしまったのである。全試行の約3分の1で本物の被験者の回答は歪められた。この実験から，多数者の圧力によって自分の判断を主張し続けるのは，とても困難なことが明らかになった。

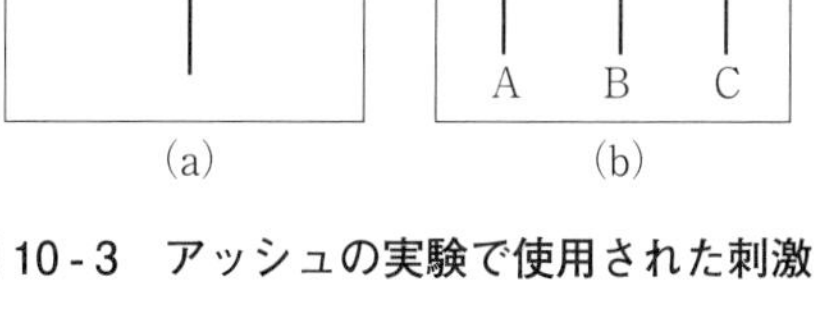

図10-3　アッシュの実験で使用された刺激

3　ステレオタイプと偏見

(1) ステレオタイプ

「日本人は勤勉だ」「女性は皆，料理するのが好きだ」のような例は国民性や性別に対するステレオタイプである。オルポートによれば，ステレオタイプとは合理的な理由なしに単純化された認知で，特定の集団の成員が同じ特性を共有しているとみなす信念と定義した。

相手の国民性や性別などのステレオタイプは，その人がどんな人なのかを判断する材料になる。しかしステレオタイプに依存して他者を判断していると，その特性に当てはまらない人を除外することになる。またステレオタイプ化するとものごとを単純化してとらえることができるため，思考の節約をもたらす。

(2) 偏見

オルポートは，偏見とは十分な根拠もなく他者を悪く考えることと定義した。偏見は特定の集団や個人に対して，先入観に基づいて，客観的な根拠なく形成された非好意的な態度や信念を保持することである。ステレオタイプが否定的側面だけでなく，肯定的，中立的側面もあるのに対して，偏見は感情的で否定的な側面を強調する。

偏見は一般的に子どもの頃の家庭教育や学校教育によって早期に形成され，成長するにしたがってマスメディアなどの影響が加わり，さらに強化される。

参考文献

安藤清志・村田光二・沼崎誠（編） 2009　新版 社会心理学研究入門　東京大学出版会
深田博己　2002　説得心理学ハンドブック――説得コミュニケーション研究の最前線　北大路書房
美濃哲郎・大石史博（編） 2012　スタディガイド心理学〔第2版〕 ナカニシヤ出版
ミルグラム，S.（著） 岸田秀（訳） 1995　服従の心理――アイヒマン実験〔新装版〕 河出書房新社
末永俊郎・安藤清志（編） 1998　現代社会心理学　東京大学出版会
山本眞理子・外山みどり・池上知子・遠藤由美・北村英哉・宮本聡介（編） 2001　社会的認知ハンドブック　北大路書房
湯川進太郎・吉田富二雄　2012　スタンダード社会心理学（ライブラリ スタンダード心理学8） サイエンス社

11章　人間関係の心理学

私たちは，友人や家族，恋人，職場の同僚などさまざまな人間関係に支えられて生きている。喜びも悲しみも人間関係の中で経験する。しかし，それぞれの関係は特殊で，すべてを網羅する理論は存在しない。心理学現象全般に関する理論の枠組みの中で，対人関係の諸現象を説明する理論，対人関係に的を絞った理論，恋愛や対人魅力など特定のテーマに関する理論などが存在する。

1節　人間関係の理論

1　人間関係のとらえ方についての理論

社会的交換理論は，対人関係を「資源の交換の場」ととらえ，自分が得る報酬（愛情や注目など）を最大化し，コスト（相手のために費やす時間と労力など）を最小化するように試みると想定する。

ティボーとケリーの相互依存性理論は，社会的交換理論として紹介されることが多い。この理論では，ある関係から得られる報酬とコストに対する満足感は，その人のもつ期待によって異なると考える。人は過去の経験に基づいて自分が受け取る成果についての期待を抱く（比較水準）。この期待より実際に得られる成果が高ければ，その関係に満足することができる。たとえば，関係の初期にはちょっとしたことで相手のやさしさを感じ，満足していても，ずっと一緒にいると「やさしくてあたりまえ」になってしまい，満足感が低下してしまう。しかし，その関係を続けるかどうかは，その関係から得られる満足感と他の関係から得られる満足感（選択比較水準）との比較によって決まる。その関係の満足度が低くても，他にもっと満足の得られる関係がなければ，その関係を維持していくであろう。

ある関係から得られる報酬とコストのバランスは，主観的に計算されるが，相手から受け取る報酬が，相手に提供する報酬に見合ったものであることを期待する。これを強調したのが，ウォルスターらの公平理論である。この理論では，人は関係の中で自分の受け取る報酬を最大化し，コストを最小化するよう努めると同時に，その関係が公平であることを求めるとしている。そして，もし不均衡があった場合には，公平さを生み出すための交渉が行われるとしている。

これに対して，クラークとミルズは，人間関係にはこのような交換的関係だけでなく，共同体的関係があると考えた。親しい友人同士や情緒的なかかわりのある関係の場合，交換や公平さの問題は，それほど重要ではなく，相手が必要とするものを相手に与え，そのことに関してお返しを期待しない。このような関係を共同体的関係と考えた。

2　人間関係の親密化のモデル

人間関係を考えるとき，どの程度の深さの人間関係であるかが問題になることがある。出会ってすぐに，親密な人間関係を構築することはむずかしい。レヴィンジャーは，人間関係が時間に伴って深化し，崩壊する過程を ABCDE の５段階に区切って考えた。A（Attraction）は，相手の魅力に気づき，関係をもとうとする段階である。B（Building）は，関係を構築しようとする段階である。C（Continuance）は，相手へのコミットメントが増加し，相手との安定した関係が続く段階である。D（Deterioration）は，魅力が減少し，関係崩壊のきっかけとなるような出来事が起きる関係悪化の段階である。そして，E（Ending），関係の終焉を迎える。このモデルは，友人や恋人という対人関係の種類を問わない一般的なモデルで，関係の崩壊まで視野に入れている点が特徴的である。

A から C までの関係を深める段階では，それぞれの段階に進むため重要となる要因が異なる。たとえば，出会いの段階では，外見的な魅力や家が近いなどの物理的な近接性などが相手への魅力を決定する。そうして出会った相手に対し，お互いに自分についての話をするなど自己開示を通して，態度や信念などの類似性を発見する。この段階では，このような類似性が相手に対する魅力を決定する。さらに，次の段階では，より深い自己開示を通して，相互の共通

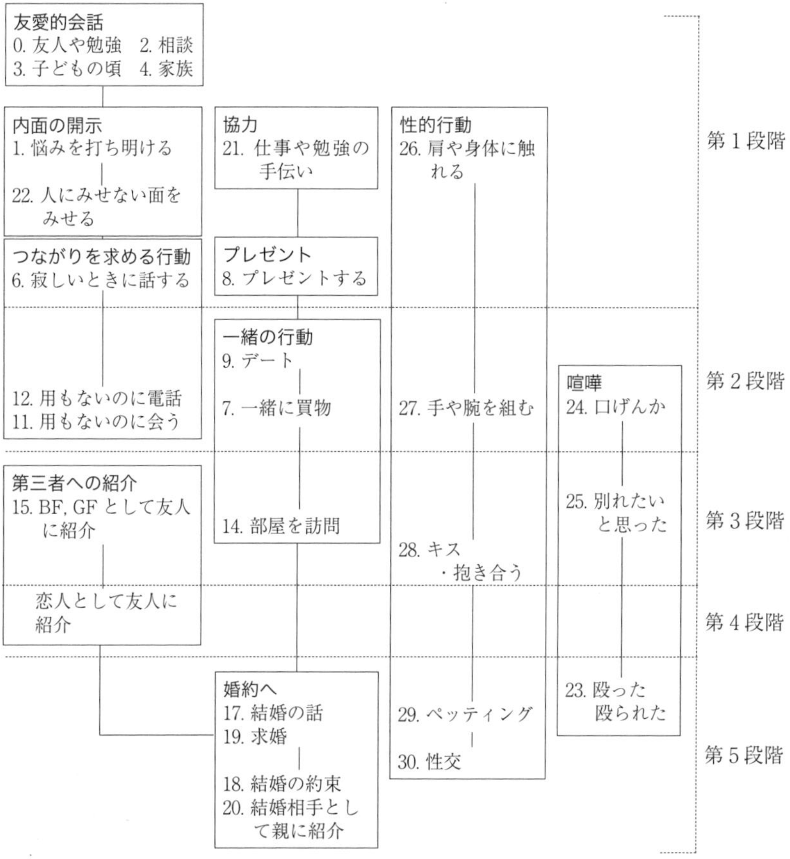

図 11-1　恋愛の行動の進展

（松井豊，1990，青年の恋愛行動の構造，心理学評論，33，355-370）

出典：松井豊　1993　恋ごころの科学（セレクション社会心理学 12）　サイエンス社

理解に基づいて，相手を気遣う関係に至る。

恋愛関係の親密化については，松井豊（まついゆたか）が，大学生を対象にした調査に基づいて，図 11−1 のようなモデルを提唱している。第 1 段階は，友人や勉強・子どもの頃の話，あるいはなんらかの相談をするところから，人には見せない面を見せたりする自己開示に至る。同時に仕事や勉強の手伝いなどの共行動，肩や体に触れるなどの行動が出現する。第 2 段階は，デートが中心の段階で，用もないのに電話したり，腕を組むなどの行動がある一方，けんかなどの葛藤行動も出現する。第３段階は，ボーイフレンド，ガールフレンドとして友人に紹介する段階で，キスをしたり，抱き合うという性行動も出現する。けんかも深刻になり，別れたいと思う事態に至る。第４段階は恋人として友人に紹介する段階で，第５段階は結婚の話をする段階となる。関係の進展に伴って，恋愛以外の関係でも見られる行動から恋愛関係のみに見られる行動に進展する。

3　対人魅力

他者に対して好意的な態度を抱くことを対人魅力とよぶ。なぜ好きな人とそうではない人がいるのか，好きな人の中から特別な人と親友になったり，恋人になったりするのは，何が違うのだろうか。

住居が近いことや同じ学校に通っていることなど，物理的な近接性は友人選択を決定する重要な要因となることがある。しかし，現在では，人の移動性が高くなり，また，インターネットやSNSの発達など物理的に離れた人との間での接触が容易になったことで，物理的近接性の要因の重要性は相対的に減少していると考えられる。

私たちは，見慣れた人に対しては警戒心が薄れ，親しみを抱きやすくなる。このように，頻繁に接触する相手に魅力を感じることを単純接触の効果という。ザイアンスらは，味覚に関する実験という名目で実験協力者を集め，液体の味見をさせた。このとき，同じ実験に参加している別のメンバーと一緒になることがあるが，相手によって顔を合わせる頻度を変えた。実験終了後に全員が一室に集まり，お互いの魅力を評定したところ，顔を合わせる回数が多いほど，相手に対して好意的な評価をする傾向があった。

ところで，見知らぬ人に出会うとき，最初に気づくのは，その人の外見である。魅力的な外見をもつ個人は，好ましい性格をもち，社会的にも成功すると思われる傾向がある。ウォルスターらは，コンピュータでランダムに組み合わされた男女のダンスパーティを開催し，相手の身体的魅力が高いほど相手に対する好意度やデートを申し込む割合が高いことを示した。しかし，身体的魅力は高ければよいというわけではない。マースタインは，カップルの写真による身体的魅力の判定から自分の身体的魅力と同程度の魅力をもつ相手を選択していることを示し，マッチング仮説を主張した。このような身体的魅力の要因は，同性より，異性の相手に対して強く働く要因である。

親密度が深まるとき，態度や信念が類似している相手に対して魅力を感じる傾向がある。バーンらは，あらかじめ，さまざまな対象（大学寮，SF小説，子どものしつけ等）に対する調査対象者の態度を測定し，その結果に基づき，態度の一致率が異なる架空の人物の調査結果を作成した。調査対象者は，架空の人物の調査結果を見て，その人物の魅力について評定した。その結果，態度の一致率が高いほど，その相手を魅力的であると評定していることが示された（図11－2)。自分に類似した相手は，行動を予測しやすく，コミュニケーションが容易となりやすい。また，自分に類似した人は，自分が好きなものや活動を好む可能性が高く，自分の信念や態度に対して同意や支持を得やすい。このような点から，類似した相手からは，報酬を得やすいため，魅力を感じるのであろう。

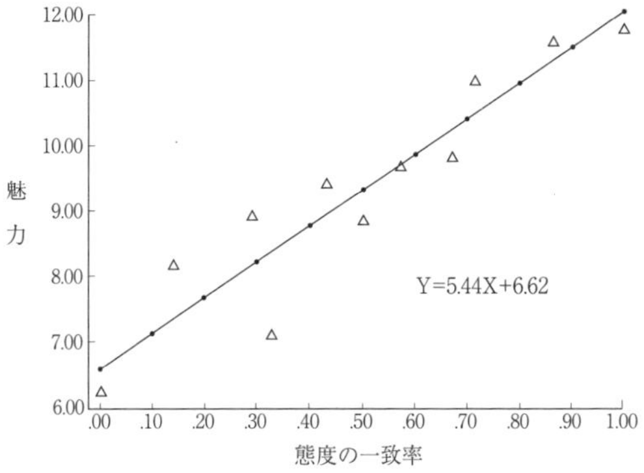

図11-2　態度の類似性と魅力の関係
（バーンとネルソンによる）

2節　恋愛関係

1　友情と愛情

同性や異性に対する友情と恋愛関係における愛情は，異なるのだろうか。友情と愛情の関係について，立脇洋介（たてわきようすけ）は4つの立場を区別している（図11－3)。

第1の立場は，愛情は友情が強くなった感情であると考える立場で，社会的交換理論など，好意を報酬に基づくものと考える理論が代表的である。

第2の立場は，友情と愛情は質的に異なるとする立場である。この立場では，愛情について，性行動や生理的な側面を強調する。さらに，友情が現実の報酬によって強められ，時間の経過に伴って強まるものであるのに対し，愛情は，

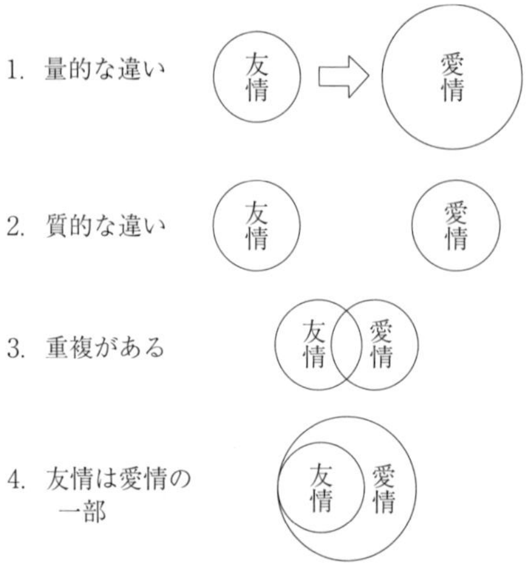

図 11-3　友情と愛情の関係（立脇による）

出典：対人関係と恋愛・友情の心理学　朝倉書店

現実の報酬だけでなく，将来や想像の報酬により強まり，また，報酬だけでなく憎しみとも関連する感情であること，また，愛情は時間の経過に伴い弱まるものであるなどの違いが指摘されている。

第3の立場は，友情と愛情には重複があるとみなす立場である。ルビンは，好意と愛情を区別し，測定する尺度を開発した。好意は相手への尊敬，信頼，評価に基づくとされ，相手への一体感，依存，援助に基づく愛情と区別された。しかし，2つの尺度の間には，中程度の相関が報告され，好意と愛情には関連があることがわかる。そして，その傾向は男性に強い。また，表11−1に示すように，恋愛相手には好意も愛情も高く経験されるが，同性の友人には好意は高いが，愛情はそれほどでもない。好意と愛情の間には，重複があるものの，好意と愛情を別のものと経験している。

第4の立場は，友情を愛情の一部とみなす立場である。たとえば，スタンバーグの愛情の三角理論では，愛情を親密性，情熱，コミットメントの3要素で構成されると考えているが，このうち，親密性のみの状態であるのが友情と考えている。

2　愛情の三角理論

スタンバーグは，愛情を「親密性」「情熱」「コミットメント」の3つの要素から構成されると考え，愛情の三角理論を提唱した。

「親密性」は，親しさや相手とつながっているという感覚として経験されるもので，相手への感情的なかかわりから形成される。「情熱」は，相手とのロマンスや身体的魅力によって引き起こされる要素である。積極的に相手とかか

表 11-1　恋愛相手と同性友人の恋愛尺度・好意尺度の得点（ルビンによる）

	恋愛相手		同性の友人	
	男性	女性	男性	女性
恋愛尺度得点	89.4	89.5	55.1	65.3
好意尺度得点	84.7	88.5	79.1	80.5

わりをもとうとする動機となるもので，激しい感情を伴って表出される場合もある。「コミットメント」は，その関係に対するかかわりの程度や関与を表す要素である。相手を愛する決意や愛を維持していこうとする意思として経験される。困難な時期を乗り越え，関係を継続するためには欠かせない要素である。

スタンバーグは，これらの3要素を頂点とした三角形を描くことで，愛情がさまざまな形として現れることを視覚化した（図 11－4）。三角形の大きさ（面積）は，愛情の絶対的な強さを表し，三角形の形で各要素の相対的な強さを表すことができる。

3　恋愛のスタイル

リーは，恋愛の色彩理論を提唱している。リーは恋愛に関するさまざまな文献（歴史書や哲学書，小説など）や，独自の方法による面接の分析から恋愛には6つのタイプがあることを示した。そして，その6つのタイプをそれらの関連から図 11－5のように円環に配置した。これが色相環と類似していること

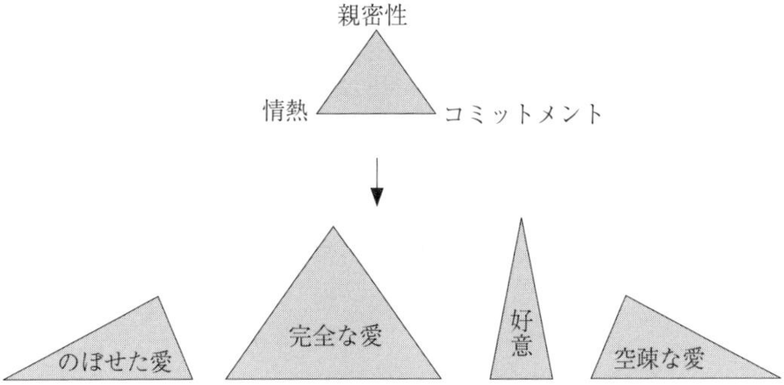

図 11-4　愛情の3要素と愛情の形

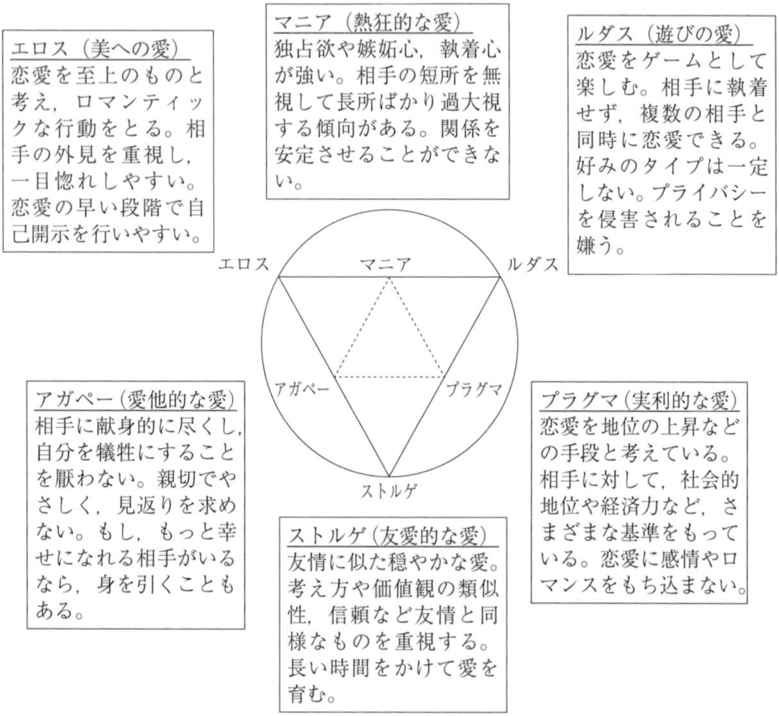

マニア（熱狂的な愛）
独占欲や嫉妬心，執着心が強い。相手の短所を無視して長所ばかり過大視する傾向がある。関係を安定させることができない。
エロス（美への愛）
恋愛を至上のものと考え，ロマンティックな行動をとる。相手の外見を重視し，一目惚れしやすい。恋愛の早い段階で自己開示を行いやすい。
ルダス（遊びの愛）
恋愛をゲームとして楽しむ。相手に執着せず，複数の相手と同時に恋愛できる。好みのタイプは一定しない。プライバシーを侵害されることを嫌う。
エロス
マニア
ルダス
アガペー
プラグマ
ストルゲ
アガペー（愛他的な愛）
相手に献身的に尽くし，自分を犠牲にすることを厭わない。親切でやさしく，見返りを求めない。もし，もっと幸せになれる相手がいるなら，身を引くこともある。
プラグマ（実利的な愛）
恋愛を地位の上昇などの手段と考えている。相手に対して，社会的地位や経済力など，さまざまな基準をもっている。恋愛に感情やロマンスをもち込まない。
ストルゲ（友愛的な愛）
友情に似た穏やかな愛。考え方や価値観の類似性，信頼など友情と同様なものを重視する。長い時間をかけて愛を育む。

図 11-5　リーの恋愛のスタイル

から，この理論を恋愛の色彩理論とよんでいる。6つのスタイルの主な特徴は，図 11−5 に示したとおりである。

この理論をもとに作成した尺度を使用した調査では，欧米では男性は女性よりルダスの得点が高く，女性は男性よりストルゲ，マニア，プラグマの得点が高いことが示されている。一方，日本では，松井が 1993 年に大学生を対象に調査したところ，女性が男性よりプラグマの得点が高いという点では欧米と同様の結果を得られたが，男性は女性よりアガペーの得点が高く，女性はルダスの得点も高かった。その頃の日本では，女性より男性のほうが献身的で，女性は恋愛を気軽に楽しむ傾向があったのかもしれない。

4　成人のアタッチメント理論

アタッチメント（愛着）とは，「特定の他者に対して強い心理的結びつき（絆）を形成する傾向」である。ボウルビィは，乳幼児と養育者のアタッチメントを重視したが，そのようなアタッチメントは生涯を通して，人間関係の中で重要な役割を果たすとした。ハザンとシェイヴァーは，成人の恋愛や夫婦関係における愛情をアタッチメント関係ととらえ，愛情のスタイルの個人差はアタッチメント経験の差によると考えた。

ボウルビィによると，乳幼児は養育者とのアタッチメント関係における継続的で長期的なやりとりを通して，自分や他者に関する信念や期待を形成する。すなわち，乳幼児は，養育者とのかかわりを通して「他人は自分のことを受け入れ，自分の要求に応えてくれるか」という他者に関する信念や期待を，また，「自分は他人から大事にされる価値があるのか，自分は愛される価値があるのか」という自分に関する信念や期待を形成する。このような信念や期待は，内的ワーキングモデルとして対人関係における認知や行動を方向づける。

近年の成人のアタッチメント理論では，自己への信念や期待は「関係不安」

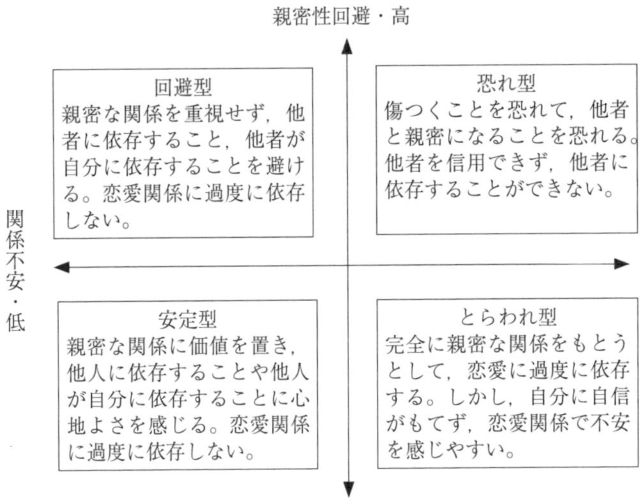

親密性回避・高
関係不安・低
回避型
親密な関係を重視せず，他者に依存すること，他者が自分に依存することを避ける。恋愛関係に過度に依存しない。
恐れ型
傷つくことを恐れて，他者と親密になることを恐れる。他者を信用できず，他者に依存することができない。
安定型
親密な関係に価値を置き，他人に依存することや他人が自分に依存することに心地よさを感じる。恋愛関係に過度に依存しない。
とらわれ型
完全に親密な関係をもとうとして，恋愛に過度に依存する。しかし，自分に自信がもてず，恋愛関係で不安を感じやすい。

図 11-6　成人のアタッチメントモデル

として，他者への信念や期待は「親密性回避」として表現されるとしている。関係不安は，自己への信念や期待がネガティヴな場合に高くなり，対人関係における不安の感じやすさや相手から見捨てられることへの不安の高さを意味する。また，親密性回避は，他者への信念や期待がネガティヴな場合に高くなり，他者との間で親密な関係を築くことを避ける傾向，あるいは，他者に依存することに関する嫌悪感を意味する。この関係不安と親密性回避の二次元を組み合わせ，図 11－6 のように 4 つのアタッチメントスタイルを考えることができる。

関係不安や親密性回避の傾向が高い場合は，パートナーのことを安全な避難場所や安全基地とみなしにくく，親密な関係を築きにくい傾向がある。したがって，恋愛関係や夫婦関係の中で満足感を抱きにくい。

3 節　人間関係と個人の適応・精神的健康

1　親密な友人関係の影響

内閣府が 2010 年に実施した調査では，社会的に引きこもって外に出ない約 70 万人の「引きこもり」の人たちの他に実際には引きこもっていないが，引きこもりになりがちな心理的傾向をもっている人たち約 150 万人の存在が明らかになった。松井は，引きこもりになりがちの人がひきこもらない背景には，友人の存在が大きいと分析している。友人との人間関係に支えられて，引きこもりにならず社会生活を送っているのである。小塩真司（おしおあつし）は，大学生を対象とした調査を実施し，友人関係の広さと深さの二次元によって，友人関係を 4 つに分類している。そして，友人関係の広さは自己愛傾向と，友人関係の深さは自尊感情と関連することを示した。また，現代青年の友人関係の特徴として指摘されることが多い「広く浅い付き合い」は，自己愛傾向の中でも注目・賞賛欲求と強く関連した。これは，他者からの評価を気にする傾向と関連し，適応性の低さを示している。

先の引きこもりの例のように，困難な状態に陥ったとき，友人からさまざまなサポートを得ることを期待できる。友人関係でお互いにサポートしあっているほど，その関係への満足感や情緒的信頼感が高まることが示されている。さらに，友人からサポートを受けるより，友人をサポートするほうがその関係への満足度を高め，また，精神的な健康度も高まることも示されている。しかし，友人関係の中で期待していたサポートを実際には受けられなかったとき，それが個人の適応にネガティヴな影響を及ぼすこともある。

2　恋愛関係の影響

恋愛のスタイルによっては，適応的ではないパーソナリティと関連のあることが報告されている。たとえば，ルダスやマニアは，パーソナリティの機能障害と関連があることが示されている。

成人のアタッチメント理論では，アタッチメントの二次元，関係不安の高さは自尊心の低さや自己受容感の低さと，親密性回避は感情表出能力の低さや感情表出の抑制と関連することが示されている。金政祐司・大坊郁夫は，大学生を対象とした研究で関係不安の高さや親密性回避の高さが精神的に不健康な傾向と関連することを報告した。

アタッチメントの二次元は，困難な状況でのサポート関連行動にも影響する。安定的な愛着を示す女性は，不安が高くなるとサポートを求める行動を多くとりがちであるが，親密性回避が高い女性は，逆に不安が高くなるとサポートを求めなくなる傾向がある。また，男性の親密性回避が低いと，不安を感じサポートを求めている女性に対してサポートを提供する傾向にあるが，親密性回避が高いと女性のサポート希求に応じていない。

3　インターネット上の人間関係の影響

最近ではパソコンやスマートフォンの普及によりSNSの利用が拡大し，インターネット上での人間関係も注目されている。SNSなどによるトラブルも報告されている一方，このような新しいツールへの期待も高い。西村洋一は，今までの研究を概観して，インターネット利用は利用者の対人不安に関しては総じてポジティブな影響が報告されているが，孤独感については研究により異なる結果が報告されているとまとめている。インターネットは，対面ではなく，匿名性も高いこと，また，つながりを切ることも容易であるなど比較的リスクの低い環境であり，その中で他者とかかわることが社会的な訓練の場として働き，その結果，対人不安の軽減につながると考えられる。

また，インターネット上では，年齢，人種，社会的地位などを超えて多様な人間関係を構築しやすいが，なかでも異性の友人を得やすいことが指摘されている。SNSなどの場では，共通の趣味をもった人を簡単に，また，大量に探しやすく，接触の機会がつかみやすい。比較的リスクの低い環境で，異性とのコミュニケーションが比較的簡単に行えると考えられる。そして，男子大学生を対象にした研究では，インターネット上の異性友人の数は人生満足感を高めているという報告もある。

他者と親密な関係を形成するには，自己開示が重要な役割を果たすが，インターネット上では自己開示が促進される傾向があることも報告されている。また，対面では開示されにくい本当の自己の部分が表出されるという報告もある。インターネットを通じてこのような本当の自己を開示することによって，他者との親密な関係を形成することができる。しかし，嫌なことがあれば，すぐに関係を切ることができるのもインターネット上の人間関係の特徴である。

参考文献

大坊郁夫（編） 2012 幸福を目指す対人社会心理学——対人コミュニケーションと対人関係の科学 ナカニシヤ出版

大坊郁夫・谷口泰富（編） 2013 クローズアップ「恋愛」（現代社会と応用心理学 2） 福村出版

松井豊（編） 2010 対人関係と恋愛・友情の心理学（朝倉実践心理学講座 8） 朝倉書店

坂元章（編） 2011 メディアとパーソナリティ（クロスロード・パーソナリティ・シリーズ 2） ナカニシヤ出版

12章　犯罪の心理学

日々起こる犯罪。大きな報道。犯罪は私たちの関心をかき立てる。犯罪は社会を映す鏡ともいわれている。悪い人が悪いことをしたという単純な見方では，私たちは何も学べない。犯罪を心理学的に理解することが，深い人間理解にもつながるだろう。現代の心理学がどのように犯罪に立ち向かっているかを探りながら，犯罪者の心理，捜査の心理，被害者のこころについて考えていこう。

1節　犯罪の原因

1　パーソナリティ

生まれつきの犯罪者はいない。しかし，パーソナリティなど個人の要因が犯罪行為に影響を与えることはある。たとえば，反社会性パーソナリティ障害の場合は，ルールを破ることや他者を害することに良心の呵責を感じず，また自分の安全を守ることにも関心が薄いために犯罪につながることもある。

犯罪的サイコパスとよばれる人びとは，知能が高くよい人間を演じることもできるが，自己中心的で冷酷であり人を愛することが少ない。そして平気で嘘をつき，衝動的に行動することで犯罪を起こすこともある。

また認知的偏りが大きく，相手の行為を悪意と感じやすい人や，自己統制の力が弱く，行動や感情を制御できない人も，犯罪者になりやすい。ただし，ある種のパーソナリティの人びとがかならず犯罪者になるわけではない。犯罪は，さまざまな社会環境における人間関係の中で起きている。

2　社会の要因

人びとは，努力をして自分の欲しいものを得ようとする。しかし，どんなに努力しても無駄だと思うとき，非合法な方法を使ってでも欲望をかなえようとする。これが「アノミー」状態である。

ある人びとにとっては，社会は居心地の悪い場所である。社会の中で安心できず犯罪を考える人もいる。これを「緊張理論」とよんでいる。また，学校生活がうまくいかないときに，不良行為を行っている少年たちの「非行下位文化」と接し，そこに共感やあこがれをもつことがある。すると彼らは，非行少年仲間の中で地位を得るために，乱暴や非合法活動を学び，犯罪的行為を悪化させる。一般の社会常識から外れた服装や行動をとるようになれば，周囲から否定的に見られ，さらに犯罪に近づく。これを「ラベリング理論」という。

3　複合的原因と犯行の正当化

犯罪の原因は，複合的に考えるべきである。個人の要因，社会の要因，さまざまな要因が絡み合い，犯罪は発生する。非行少年たちも，迷っている場合は多い。このような考えを「漂流理論」という。彼らは，自分たちの行為を正当化するために，次のような心理的な「中和の技術」を使っている。(1)自己責任の否定：自分は悪くない，親や学校や社会が悪い。(2)加害の否定：この程度のことは大した損害にならない。(3)非難者への非難：おとなだって汚いなど。(4)忠誠心：仲間のためなど。このような考えは，部分的には納得できるものかもしれないが，非行を深めてしまう発想である。

犯行をくりかえす成人累犯者も，同様の発想をもっている。犯罪防止のためには，犯罪の原因を犯罪者当人だけに押し付けてはいけない。一方，当事者が「世の中が悪い」と考えるだけでは，犯罪をくりかえすことになるだろう。

2節　非行

1　非行とは

非行には，14 歳以上 20 歳未満による犯罪行為（犯罪少年），14 歳未満の法に触れる行為（触法少年），そして 20 歳未満の家出やいかがわしい場所への出入りなどがある（虞犯（ぐはん）少年）。

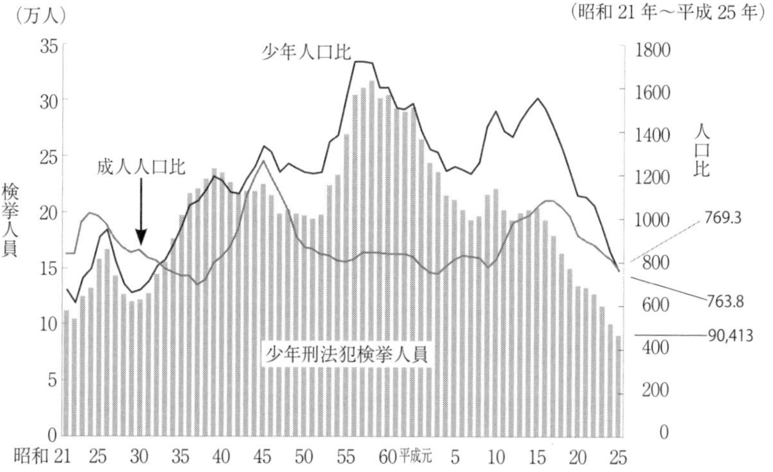

図 12-1　少年による刑法犯検挙人員の推移（平成26年版犯罪白書より）

2　非行の現状：少年犯罪は増加凶悪化？

少年刑法犯検挙数（警察等が犯罪を行ったと特定し被疑者とした少年の人数）は，増減をくりかえしながら近年は減少傾向である。1970（昭和45）年までの統計は，交通事故によって人を死傷させた少年も含んでいる。

殺人事件の統計を見ると，1950年代から1960年代は，毎年300人から400人前後の少年殺人犯が検挙されている。1970年代後半からは100人程度になり，2010年からは50人前後となっている。少年事件はしばしば大きく報道されるが，長期的に見れば増加凶悪化しているとはいえないだろう。

3　非行臨床

日本が貧しい時代には，生きるための「生活型非行」が見られた。その後，「遊び型非行」「反抗型非行」が現れる。さらに現代になると，検挙歴のない少年が突然大きな事件を起こす「いきなり型非行」が目立つようになる。また，犯罪心理学者の影山任佐（かげやまじんすけ）は，現代の非行の中には自己の空虚感を埋めるための「自己確認型非行」があると述べている。

非行をくりかえす少年たちは，家族の問題を抱えている場合も多い。本来家庭がもつべき，安らぎの場としての情緒の安定機能や，社会のルールを教える社会化の機能を失った「機能不全家族」もある。非行には，さまざまな心理的背景が絡んでいる。心理学的に見れば，非行は少年たちのこころのSOSサインなのである。

4　重大な少年事件の３タイプ

家庭裁判所の研究によれば，単独で殺人等の重大事件を起こした少年は，次の３つのタイプに分類することができる。(1)十分な愛やしつけを受けず，幼少期から問題行動をくりかえしてきたタイプ。(2)親からの期待が高く，厳しいしつけの中で自分の思いを抑圧し，表面上は問題を起こさなかった，いきなりタイプ。(3)途中までは順調だが，思春期になって，人間関係や入試などに失敗し，思春期挫折症候群を乗り越えられず，自暴自棄になって犯罪を起こしたタイプ。

3節　捜査と裁判の心理

1　犯罪者プロファイリング

犯罪者プロファイリングとは，犯行の分析に基づいて被疑者の性格や行動の特性を推論することである。たとえばFBI（アメリカ連邦捜査局）は，性的殺人の研究から，秩序型と無秩序型の分類を行っている。

秩序型犯罪者は，計画的に，好みの被害者をねらい，遺体や凶器を冷静に隠している。彼らは知能が高く，生活も安定し，家族がいることも多い。一方，無秩序型犯罪者は，計画性が乏しく，犯行現場は乱雑で，遺体や凶器をそのまま残している。彼らは，知能は平均以下で，生活も安定せず，１人暮らしが多いとされている。ただし，この両者の特徴が見られる混合型も存在している。

多くの事件の中から，どの事件が同一犯人によるものかを推測するのが，「事件リンク分析」である。そして，「地理的プロファイリング」では，連続犯罪の発生場所から犯人の居住地を推測する。犯行場所がすべて入る円内に犯人は住んでいると推測する「円仮説」や，犯人の居住地に近いほど犯罪発生率が高まると考える手法などがある。プロファイリングは，捜査を支援する１つの手法である。示される犯人像だけではなく，収集整理される情報も，捜査に役立つ。

2　目撃証言

多くの研究が目撃証言の不確かさを示している。たとえば，ロフタスの研究によれば，目撃証言は質問の仕方によっても変化してしまうことがわかっている（事後情報効果）。たとえば，自動車事故を目撃した人に車のスピードを質問するときに，「車が『接触したとき』のスピートは？」と質問するよりも「激突したとき」と質問したほうが，答える自動車の速度は速くなる。

犯人が凶器をもっている場合などは，目撃者は凶器ばかりに注意を向けてしまい，犯人の顔を覚えていないこともある（凶器注目効果）。また，思い込みや偏見によって，記憶がつくられることもある。記憶は，目撃前からの先入観，目撃時の様子，目撃後の情報などによって歪むものなのである。

3　ポリグラフ（嘘発見器）

嘘発見器の正しい名称はポリグラフである。ポリグラフとは，複数の現象を記録する装置という意味であり，呼吸，心拍，精神的発汗などの生理的変化を測定している。しかし，嘘の明確なサインは存在しない。そこでたとえば，犯人しか知り得ない情報を使い，盗まれたのは「指輪」「ネックレス」「イヤリング」といった質問にすべて「いいえ」と答えさせ，どの質問で生理的変化が見られるかによって嘘を探り出す。

4　自白と虚偽自白

人は，原則的に自分の利益となる行動を選ぶ。自白しないほうが得になると思えば，自白はしない。しかし明確な物的証拠を示されたり，取調官との信頼関係が得られたりすることで，自白したほうがよいと感じることもある。

ただし，自白がいつも正しいわけではない。偽りの記憶ができあがることもある。取り調べの状況を辛いと感じ，自白さえすれば苦しみから逃れられると感じて，偽りの自白をしてしまうこともある。冤罪につながる虚偽自白は，しばしば熱心な取調官と無実の被疑者の共同作業によってつくられていく。

5　裁判員

裁判員は，裁判内容に国民の視点，感覚が反映されることをねらって2009年に導入された制度である。一般の感覚が裁判に生かされることは重要である。しかし，たとえば一般に容姿が美しい被告人の刑罰は軽く判断されやすいことがわかっている。また自分と類似した人の責任は軽く感じやすい。このように，人の感覚は歪みやすいことも忘れてはならないだろう。

6　精神鑑定

鑑定とは，専門家による判断評価のことである。精神鑑定は，精神状態や責任能力を調べるために行われる。精神鑑定では，脳の検査，心理テスト，面談等が行われる。精神鑑定には，詐病の可能性があること，犯行時の精神状態を推測しなければならないことなどの困難さがある。

4節　さまざまな犯罪

1　殺人

日本では，毎年1,000件前後の殺人事件が発生している。発生率で見ると，アメリカの約10分の1，イギリスの3分の1，ドイツの2分の1である。殺人動機でもっとも多いのは，怒りや恨みなど被害者と加害者との人間関係のトラブルである。「誰でもいいから殺したかった」と語る通り魔などの無差別大量殺人は，個人的人間関係のない殺人だが，自尊心の低い犯人が自分を認めなかった社会への報復や，周囲を巻き込む拡大自殺として実行することが多い。

2　性犯罪

同意を得ない性的行為はすべて性加害であり，その中で法に触れるものが，性犯罪である。性犯罪は，被害者が警察に届けにくく，統計の数字には表れない暗数が多い犯罪である。性犯罪の原因は多様であり，かならずしも性欲だけが原因ではない。また身近な人による犯罪も多い。そして，身体的な被害にも増して心理的被害がとても大きいことも性犯罪の特徴である。

3　薬物犯罪

麻薬，大麻，覚せい剤や危険ドラッグなど，薬物犯罪に近づく人には，2つのタイプがある。1つは，衝動性，攻撃性，刺激希求性が高いタイプの人である。乱暴で激しく騒ぐ人が，好奇心などから薬物を使用する。もう1つのタイプが，神経症的，抑うつ的なタイプの人である。まじめで自分を責めるタイプの人が，悩み苦しんだ末に薬物を使用する場合もある。

図 12-2　薬物乱用防止運動は広く行われている

4　ストーカー犯罪

2013年に法改正されたストーカー規制法によれば，ストーカーとは，同一の者に対し，つきまといなどを反復して行う人である。つきまとい，監視，面会・交際要求，乱暴な言動，無言電話，迷惑メールなどが規制されている。ストーカーは，相手も自分を愛していると思い込んだり，周囲が2人の関係を邪魔していると思い込んだりすることもある。ストーカーに対しては，毅然とした態度が必要である。ただし，以前親しかった人に対しては，拒絶の前に丁寧な対応が必要な場合もあるだろう。いずれにせよ，相手に恐怖や不安を感じた時点で，自分だけで解決しようとせず第三者の支援を求めることが必要である。

5　ドメスティック・バイオレンス（DV）

DVは，直訳すれば家庭内暴力だが，一般に夫婦や恋人間の暴力を指している。DVは，殴るなどの身体的暴力だけではない。必要なお金を渡さない（経済的暴力），外出制限や異性の友人と会うことの制限（社会的隔離），言葉で脅したり侮辱したり終始監視したりする（心理的暴力），性的行為の強要や性的侮辱など（性的暴力）は，すべてDVである。たとえばデート中でも性行為を強要すれば，デートレイプとよばれる犯罪行為といえよう。

DV加害者は，しばしば暴力的行為の後に謝罪や反省を示しやさしくなる（ハネムーン期）。しかし，しばらくすれば小さなきっかけでまた暴力をふるう（サイクル理論）。このように，やさしさと暴力がくりかえされることによって，

図 12-3　一般にアピールするための振り込め詐欺防止ポスター

図 12-4　万引きは犯罪だと子どもにも教えたい

被害者は逃げづらくなり，被害が大きくなることも多い。

6　特殊詐欺（振り込め詐欺）

2014 年の振り込め詐欺など特殊詐欺被害は過去最悪の 559 億円であった。家族を装ったオレオレ詐欺，架空請求詐欺，還付金詐欺など，次々と新手の詐欺手法が登場している。冷静なときには詐欺だとわかる内容でも，手の込んだ演技によって不安や緊張感をかきたてられると，誰もが容易にだまされてしまうと知る必要があるだろう。

7　万引き

対面販売ではないコンビニやスーパーなどは，万引きが起きやすい環境といえるだろう。万引きは身近な犯罪であり，罪悪感をあまりもたず軽い気持ちで犯行に至る者もいる。しかし，当然のことながら万引きも窃盗である。万引きは，ゲートウェイ犯罪（入り口犯罪）ともよばれている。万引きを行うことで，犯罪への心理的抵抗が下がり，さらに重い犯罪へと進む場合もある。

8　交通犯罪

交通犯罪も身近な犯罪だろう。交通犯罪者の中には，まじめな人柄で，遅刻して迷惑をかけないためにスピード違反をして事故を起こす者もいる。日常的に乱暴な運転をするドライバーも，意図的に事故を起こすわけではない。しかし，急いでいたり，自分の運転技術を過信して自慢したいと感じたりした場合などには，危険の発見，危険の評価，意志決定（スピードを落とすなど）が歪んでしまうことがある。その結果，無謀運転による事故が発生することもある。

9　洗脳・マインドコントロール

暴力的な方法で相手の行動や思考を支配するのが，洗脳である。睡眠時間を奪う，食事をさせないなどの方法もある。暴力とやさしさを交互に使うことで洗脳を行う手法もある。マインドコントロールは，大きな暴力は使わない。しかし，思想の教え込み，情報のコントロール，恐怖を使った感情のコントロール，そして細かい指示による行動のコントロール等をくりかえすことで人を支配していく。洗脳やマインドコントロールは，悪質な破壊的カルトが使用して犯罪行為につながることもある。また個人や小集団がこれらの手法を使って他者や他の家族全員を支配し，財産や命を奪う犯罪も発生している。

10　テロリズム

テロは，こころの戦争である。テロ集団は，武力によって国家を倒すような力はない。しかし，国民に恐怖や強すぎる復讐心をもたせることで，自分たちの主張を通すことをねらっている。テロによって国民が恐れてテロリストの要求を受け入れることも考えられる。あるいは，テロリストへの怒りから激しい報復攻撃を行い，その国家が国際世論の支持を失うこともある。

11　いじめ

2014 年に「いじめ防止対策推進法」が制定された。これによって，「児童等は，いじめを行ってはならない」と，いじめが法律によって禁止された。指導が不十分な場合，けんかやいじわるなどが，いじめとなり，さらに恐喝や傷害などのいじめ非行へと進んでいくこともある。

いじめ加害者側の心理的原因としては，満たされない権力欲・傷つきやすい自己愛・人間関係の不安・わがまま・ストレス発散・自己嫌悪感などが考えられる。いじめは，いじめ衝動をもった個人が，いじめ許容環境に置かれたときに起こる。いじめ加害者をはやし立てる人，そしていじめが行われているのに何もしない「傍観者」の存在がいじめ許容環境をつくっていく。

乱暴で高圧的な教師やクラスを統制できない弱い教師も，いじめが起きやすい環境をつくってしまう。いじめ防止のためには，個人への働きかけに加えて，いじめを許さない雰囲気づくりが大切だろう。

12　女性犯罪

検挙者の約２割が女性である。女性は男性よりも犯罪を起こしにくい。さらに女性犯罪は，男性犯罪と比較して強盗や傷害事件などは少なく，万引きなどが多い。殺人においても，女性の割合は２割ほどである。女性の殺人は殺害相手に特徴があり，被害者の９割が家族などの身内である。これは，追い詰められた末の嬰児殺害，一家無理心中などであり，人間関係や環境に翻弄されている女性殺人者像が浮かび上がってくる。

5節　犯罪防止と加害者臨床，被害者支援

1　犯罪不安

犯罪は，加害者と被害者が存在し，犯罪が可能な環境があって発生する。被害者にならないためには，適切な「犯罪不安」をもつことも必要である。不安が強すぎて外出できなくなっては困るが，犯罪不安があるからこそ鍵をかけたり，危険な場所に近づいたりしないなど，犯罪被害を防ぐ方法がとれるだろう。

2　犯罪環境心理学

犯罪者が犯罪を実行するときには，環境の影響を受ける。犯罪社会学者の小宮信夫は，「入りやすく見えにくい場所」で犯罪の機会が増えると述べている。市街地では，管理不十分な廃屋や，雑草が生い茂る空き地などは，犯罪場所になりやすい危険な場所である。子どもたちとともに，そのような危険な場所を探す「地域安全マップづくり」は，有効な防犯活動の１つである。

「割れ窓理論」によれば，割れた窓を放置していくと，さらに窓が割られ，建物や地域の秩序が乱れ，防犯意識が薄まり，犯罪が発生しやすくなると考えられる。これは建物だけの問題だけではなく，軽微な違法行為の放置が「割れ窓」となり犯罪が増加するとも考えられる。

3　刑罰と社会的絆

刑罰は犯罪を抑止するだろうか。たとえば飲酒運転や違法路上駐車は罰則が重くなったために減少したといえるだろう。行動前に冷静に考えられる人

図 12-5　更生をめざした刑務所内宗教行事

出典：法務省「日本の刑事施設」

は，罰則強化によって違法行為を思いとどまることもできるだろう。また，社会の応報感情に応えるためにも犯罪者への制裁は必要だ。しかし，自暴自棄による犯罪，激情にかられての犯罪では，刑罰強化はかならずしも犯罪防止につながらない。死刑制度の有無によって殺人事件数は影響されないという研究もある。

犯罪心理学者ハーシーによれば，犯罪を抑止するために有効なものは，「社会的絆」である。大切な家族や友人がいる，やりがいのある仕事や将来の夢があるといった社会との絆は，犯罪を抑止する大きな力になるだろう。

4　加害者臨床

加害者が犯罪をくりかえさないことは，誰にとっても重要である。刑罰を与え表面的に反省させるだけでは更正のむずかしい犯罪者が，犯罪行為を認め，責任を自覚し，行動修正を行えるようになることが必要だろう。

「性犯罪者処遇プログラム」では，認知行動療法によるグループワークなどを使用して，性犯罪につながる要因について自分で考え，自分で対策を練られるようにしている。このプログラムを通して，女性蔑視などの彼らの認知の歪みを修正し，望ましい対人関係を学ぶ。また自分の感情を統制し，被害者への理解と共感をもてるようにしている。

「DV 加害者更正プログラム」でも同様に，男らしさについての誤解を改めさせ，暴力について他者のせいにせず自分の責任を自覚させるようにしている。暴力につながる誤った信念や感情について再考させることで更正をうながしている。

さまざまな犯罪において，「外在化」は有効な方法だろう。犯罪者は自尊心が低いことも多いため，刑罰によってさらに自信を失うことは逆効果になることもある。自分はとても悪いことをしたが，それでも自分は人生をやり直す価値があるという犯罪行為の外在化が必要なときもあるだろう。

加害者の更正を進めるために「修復的司法」とよばれる方法もある。これは，関係者がコミュニケーションをとることで，加害者が被害者の痛みを深く知ることをめざしている。犯罪によって生じた害を修復することで司法の実現を志向するのが，修復的司法である。

5　被害者支援

犯罪被害者は，金銭的被害や身体的被害に加えて，さまざまなこころの傷を負う。小西聖子（こにしたかこ）によると，犯罪被害者には次のような社会的問題や心理的症状が表れることもある。フラッシュバック（被害時の感情に突然襲われる），事件と類似の状況を避ける，孤立感，感情の麻痺，強い自責の思い，服従（無力になって人の言いなりになる），加害者への病的な憎悪，加害者への逆説的な感謝（ストックホルム症候群など），自分自身が汚れてしまった感じ，異性とつきあえないなど性的抑制，意欲をなくしたあきらめ，世間からの非難中傷などによる二次受傷，退学や失業による社会経済状況の悪化。

犯罪被害者は，周囲からの無関心で傷つくことがあり，また周囲からの異常な関心やマスコミ取材で傷つくこともある。ときには，悪意のない身近な人の言動で傷つくこともある。被害直後の混乱期における支援，その後の心理的支援や具体的な生活支援など，長期的な支援が必要である。

図 12-6　支援の輪を広げたい（シンボルマーク）

参考文献

谷口泰富・藤田主一・桐生正幸（編）　2013　クローズアップ「犯罪」（現代社会と応用心理学 7）　福村出版
細江達郎　2001　図解雑学 犯罪心理学　ナツメ社
小宮信夫　2013　犯罪は予測できる（新潮新書）　新潮社
小西聖子　2006　犯罪被害者の心の傷〔増補新版〕　白水社
碓井真史　2008　誰でもいいから殺したかった！――追い詰められた青少年の心理　ベストセラーズ

13章　経営の心理学

大学生の多くは，組織の一員として働くことを明確にイメージするのはむずかしいかもしれない。しかし，大学でのサークルや部活動，アルバイトなどを通して，組織の一員としての役割やリーダーのような役割を果たしている人もいるだろう。この章では，これから先のキャリアや仕事に対するやる気，組織でのリーダーシップについて紹介していく。

1節　キャリア発達

1　キャリアの語源とその定義

大学のキャンパスで「キャリアデザイン」「キャリア入門」といった授業や，「就職キャリア支援講座」のような掲示を見かけることがあるだろう。なんとなく，キャリアという言葉は「仕事」や「職業」を指しているとイメージしているのではないだろうか。国語辞典を引いてみると，職業や技能上の経験を意味する「経歴」のこととある。しかし，「経歴」という言葉では，現在用いられている「キャリア」という言葉の意味を十分に表現できていないことは多くの人が感じるだろう。キャリアの語源は，荷車や馬車が通った後にできる車輪の跡（これを轍(わだち)という）であり，これまで通ってきた道とこれから進んでいく道をつなぐもの，過去から現在，そして未来へと続くものがキャリアなのである。そして，荷車に積み上げていった結果の1つが「経歴」であり，その個人に身についたもの，これもキャリアといえる。

ホールは，(1)職業上の地位の上昇，(2)専門的職業という意味の他に，(3)ある個人が経験した仕事（職業）の系列，(4)生涯を通じてのあらゆる役割経験の系列をもキャリアと定義している。それゆえ「キャリア」が掲示やニュース，ドラマや映画のシーンで，どの意味として用いられているかを考えて理解する必要がある。

2 ライフ・キャリアの虹

ホールが定義した（4）のキャリア，すなわち職業に限らない広義のキャリアを，スーパーは「ライフ・キャリア」とよんでいる。ライフ・キャリアは職業をもつ人という個人の役割経験だけでなく，プライベートでのレジャー経験など，余暇を過ごす個人の役割経験や市民，そして家族の一員としての役割経験をも含む言葉である。「キャリアを磨く」というと，バリバリ仕事をして，職業上のスキルを上げていくことばかりをイメージしがちであるが，プライベートな生活での経験，たとえば茶道や着付けなどの稽古事に精を出すことやバイオリン奏者として地域の管弦楽団で休日に練習を積むこと，家族の一員として幸せな家庭を築くことも，キャリアあるいはライフ・キャリアなのである。

図 13－1 は，ある個人の生涯を虹に見立て，子どもや学生，余暇享受者，市民，労働者など，それぞれの役割が人生の中で同時に存在していることを示している。この図では，約 80 年の生涯を送った人が，いつ頃，どのような役割

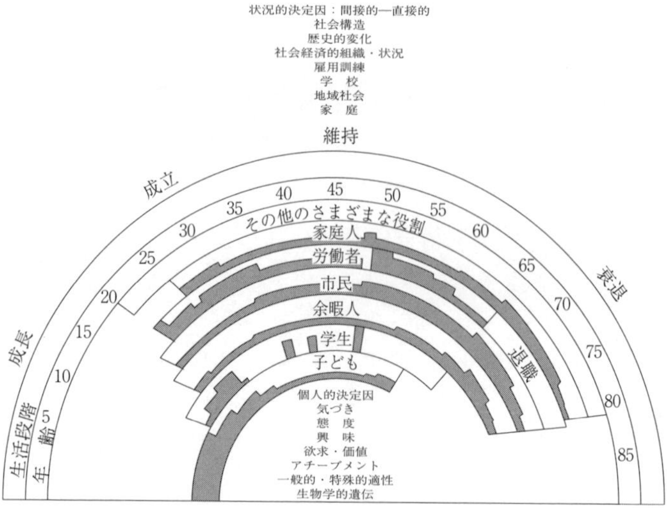

図 13 - 1 ライフ・キャリアの虹
（Nevill & Super, 1986, The Life-Career Rainbow.）

を果たしてきたかを塗りつぶされた弧に描いて示している。4歳頃は子どもの役割で占められているが，やがて小学生としての役割が増え，余暇を楽しむ役割も徐々にその割合が増しているのがわかるだろう。20代から60代は，労働者としての役割が多くを占めている。そして，定年後は家庭人として余暇を中心に余生を送っている。人生いろいろ，というが，このライフ・キャリアの虹は個人によって輝く色が違うであろう。

3　組織内キャリア発達段階

シャインは，エリクソンの心理社会的発達理論を参考に，たとえば企業や官公庁のような組織内でのキャリア発達を9段階に区分し，それぞれの発達段階で直面する特有の問題（危機）と発達課題を定めている（表13－1）。

早ければ中学校卒業と同時に仕事社会へ入ることになるが，多くは高校，短大，大学を卒業して社会人となる。これは「仕事の社会への参入」という発達段階であるが，その前の「成長・空想・探索」の段階では，アルバイトなどで社会経験を学んだり，インターンシップで組織の一員としての役割を試行することで，職業選択や勤労習慣を少しずつ身につけていく。そして，晴れて社会人となったものの，思い描いていた理想どおりにはいかない現実に直面しショックを受ける。このような危機はキャリアを積み上げていく最初の段階では避けて通れない道，いわば通過儀礼といえよう。

キャリアが積み上げられていくにつれて，組織の中での自分の立場や自分自身のアイデンティティが確立されていく。中期キャリアの段階になると，自分が身につけた能力や技術を周囲の人びとに助言していくという新しい役割も生まれてくる。そして，この段階をピークに緩やかに下降線を迎える中期キャリアの危機を受け入れつつ，職業内キャリアにおける黄昏時である後期キャリアを過ごしていくのである。

表 13-1　組織内キャリア発達段階と課題

発達段階		直面する問題	特定の課題
1	成長・空想・探究 ～21歳	・職業選択のための基準を形成する ・職業について現実的に検討する ・適切な教育や訓練を受ける ・仕事に必要な基本的習慣を形成する	・職業に対する興味を形成する ・自分自身の職業的能力を自覚する ・職業モデルや職業情報を獲得する ・試行的職業体験（アルバイト・インターンシップ）をする
2	仕事の世界への参入 16～25歳	・初めての仕事に就く ・自己の欲求と組織の要求を調整する ・仕事のメンバーとして受け入れられる	・就職活動や応募方法，就職面接を学ぶ ・仕事と会社の評価方法を学ぶ ・初めての仕事を現実的に選択する
3	基本訓練 16～25歳	・仕事や職場の現実を知って受けるショックを克服する ・日常的業務に適応する ・仕事のメンバーとして認められる	・職場の文化や規範を受け入れる ・上司や同僚とうまくやっていく ・組織的社会化に適応する ・服務規定を受け入れる
4	初期キャリア 17～30歳頃まで	・最初の職務を全うする ・昇進のもとになる能力を形成する ・組織に留まるか，有利な仕事に移るか検討する	・責任の一部を引き受ける ・職務において主体性を回復する ・異動や転職可能性を検討する ・失敗や挫折に伴う感情に対処する
5	中期キャリア 25歳以降	・管理職への展望をもつ ・組織でのアイデンティティを確立する ・高度な責任を引き受ける ・当該職業に関する生産的な人間になる	・相応の独立感や有能感を確立する ・自分の職務遂行基準を形成する ・次段階での選択（転職）を検討する
6	中期キャリアの危機 35～45歳	・当初の抱負と比較して現状を評価する ・自分の夢，希望と現実とを調整する ・自分の人生や仕事の意味を再吟味する	・自分のキャリア・アンカー（才能，動機，評価）を自覚する ・現在を受け入れるか変革するかを選択する ・家族との関係を再構築する ・メンター（助言する人）としての役割を受容する
7	後期キャリア（非リーダーとして） 40歳～定年	・メンターの役割になる ・職能上の技術を深める ・より広範な責任を引き受ける ・自分の重要性や影響力の低下を受け入れる	・どのようにして技術的に有能であり続けるか ・対人関係技術をどのようにして獲得するか ・若手の意欲的管理者に対してどう対処するか ・家庭での「空の巣」問題にどう対処するか
	後期キャリア（リーダーとして） 40歳～定年	・他者の努力を統合する ・組織の長期的かつ中核的な問題に関与する ・有能な部下を育成する ・広い視野と現実的な思考をする	・自己中心から組織中心の見方にシフトする ・高度な政治的状況への対応力を学ぶ ・仕事と家庭（とくに配偶者）とのバランス ・高度な責任と権力を享受する
8	下降と離脱 定年退職まで	・権限や責任の減少を受け入れる ・能力やモチベーションの減少を受け入れる ・仕事が主でない生活の準備を行う	・仕事以外での満足の発見 ・配偶者との関係を再構築する ・キャリア全体を評価し，退職の準備をする
9	退職	・新しいライフスタイルや役割，生活水準の変化に適応する ・知識や経験をもとに年長者としての役割を見出す	・役割が変化する中でアイデンティティをどのように保持するか ・自分の知恵や経験をどのように活かすか

出典：キャリア・ダイナミクス　白桃書房

2節　ワーク・モチベーション

1　ワーク・モチベーションとは

日頃から「最近仕事をしていてもなかなか成果が出ず，モチベーションが下がっている」「今日の試合は，チーム全員の勝利に対するモチベーションが結果に結びついた」「バイトでうまくいかなかった後，帰宅してから必死にテスト勉強したが，なかなかモチベーションが上がらなかった」など，仕事のみならずスポーツや勉強の場面で，モチベーション（動機づけ）という語が頻繁に用いられている。

モチベーションとは，目標や報酬によって動機が刺激され，行動が引き起こされる一連のプロセスをいう（図13−2)。とくに仕事場面におけるモチベーションをワーク・モチベーションとよぶ。職場で，よい販売実績を収めたい，優れた販売実績を取ってほめられたい，という目標が定まると仕事への動機が刺激され，仕事に励む行動が生まれるのである。ただし，この行動が持続するかどうかは，その個人がどの程度自発的に動機づけられているかによる。目の前のご褒美，すなわちよい販売実績という目標が引き金となって行動を起こすより，仕事に励むこと自体が楽しいと感じて行動するほうがより行動が持続する。前者の動機づけを外発的動機づけ，後者を内発的動機づけとよんでいる。

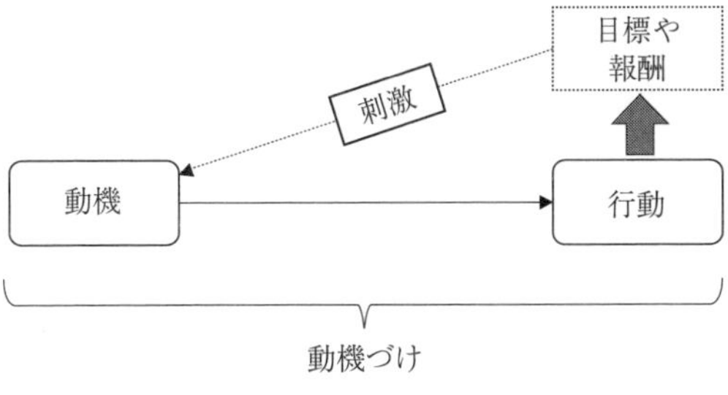

図13-2　動機づけのメカニズム

出典：経営とワークライフに生かそう！産業・組織心理学　有斐閣

2　内容理論と過程理論

図13−2のように，動機づけは目標や報酬が刺激となり，動機が引き起こされて行動が生じる一連のプロセスである。動機は行動をもたらす要因で，欲求ともよばれる。動機づけに関する理論は，動機づけのメカニズムを明らかにしようとする過程理論と，欲求の内容やその関係性を明らかにしようとする内容理論に大別することができる。ここからは，動機づけの理論について見ていく。内容理論としてマズローによる欲求階層理論とアルダーファによるERG理論，ハーズバーグによる動機づけ―衛生理論，過程理論としてアトキンソンによる達成動機理論を紹介する。

(1) 欲求階層理論

マズローによる欲求階層理論では，人のもつ欲求を５つに分類している。特徴的なのは，この５つの欲求がより低次の欲求から高次の欲求まで階層構造をなしているという点である。もっとも低次な欲求は生理的欲求であり，「食べたい」「眠りたい」など，人が生きていく上で必要不可欠な欲求が含まれている。たとえば「お腹が減った」というのは生理的欲求が欠乏していることを意味し，この欲求を満たすために「食事をする」という行動が生まれる。この一番下位に位置する欲求が満たされて初めて，次の安全欲求が引き起こされる。「接客のバイトで伝染病にかかるのは脅威だ」との意識が安全欲求を引き起こし，「帰宅後もかならず手洗いとうがいをする」という行動が生まれる。さらにその上位にある所属と愛の欲求では，所属集団のメンバーの１人であることを確証したい，職場で愛情のある人間関係を築いていきたいとする欲求である。この欲求が満たされると，周囲のスタッフから高く評価され，尊重されたいという承認欲求が引き起こされる。ここまでの下から４つの欲求は，足りないときに引き起こされる緊急性の高い欲求で，欠乏動機ともよばれている。

それに対して，頂点にある自己実現欲求は，足りないから引き起こされるものではなく，理想的な自分に向かっ

表13-2　マズローの欲求階層理論とERG理論の比較

欲求階層理論	ERG理論
自己実現欲求	成長欲求
承認欲求	関係欲求
所属と愛の欲求	
安全欲求	生存欲求
生理的欲求	

出典：組織の中の人間行動　有斐閣

てどこまでも高くなりうる欲求である。たとえば，世界最高齢で世界最高峰の登頂に成功したとしても，また次の年，そして次の年にも踏破したいという欲求が生じるのが自己実現欲求の特徴であり，欠乏動機に対して成長動機とよばれている。

(2) ERG理論

マズローの提唱した欲求階層理論に影響を受けて，アルダーファは仕事場面における3つの欲求をもとにERG理論を提唱している。Eは生存欲求（Existence），Rは関係欲求（Relationship），Gは成長欲求（Growth）のことである。マズローの5つの欲求と比較すると，生存欲求が生理的欲求と安全欲求に，関係欲求が所属と愛の欲求と承認欲求に，成長欲求が自己実現欲求にそれぞれが対応している（表13－2）。

欲求階層理論とERG理論は，ともに欲求が階層構造をなしており，成長への欲求をもっとも高次の欲求としている点で共通している。しかし，この2つの理論が大きく異なるのは，ERG理論では同時に2つの欲求が生じることや，低次の欲求が満たされない場合でも高次の成長欲求が生じうる点にある。

(3) 職務満足感と動機づけ―衛生理論

仮にあなたが大学の文化祭実行委員の1人として運営にかかわっていて，その努力が報われて大成功を収めたとしよう。そのとき，あなたはこころの底から「皆で頑張って良かった」「自分にもできるんだ」と実感するだろう。このように，人はハードルの高い課題をクリアすると満足感を得る。仕事場面においても同様で，これを総称して職務満足感とよんでいる。満足感というと，満ち足りていることを「満足」，満ち足りていないことを「不満」あるいは「不満足」といい，対になる言葉としてイメージする人が多いのではないだろうか。

ハーズバーグは，仕事場面における職務満足感を一次元上ではなく，満足と不満足を別々の次元であると唱えている。いいかえれば，満足には満足がまったくない状態から満足が充足する状態まで，不満足にも不満足がまったくない状態から不満足が充足した状態まで，それぞれ独立して存在するものだと考えたのである。ハーズバーグは，会計士や技術者に面接調査を行い，職務満足感に影響を与える要因には2種類あり，それぞれが仕事場面における満足感，不満足感に結びついていることを明らかにしている。満足感を高め，達成や承認，仕事そのものなど「仕事の内容」への動機づけを強める効果がある要因を「動機づけ要因」とよんだ。一方，不満足を低め，上司や同僚との人間関係，作業環境など「仕事環境」を強める効果はあるが，仕事への動機づけには作用しない要因を「衛生要因」とよんだ。これらは，ハーズバーグの2要因論あるいは動機づけ―衛生理論といわれている。

(4) 達成動機理論

ある授業で研究レポートの課題が出たとしよう。そのとき，あなたはできるだけ高いレベルのレポートを書き上げようと取り組むだろうか。それとも，それなりの内容で仕上げればよいと妥協して取り組むだろうか。このように，ある目標を設定して，高いレベルで達成したいと望む動機を達成動機とよんでいる。レポートに取り組み，よりよい仕上がりにするためには達成動機の高さが必要である。

アトキンソンは，目標達成への動機づけは成功を求めチャレンジしようとする接近傾向と，失敗を回避してチャレンジすることを逃れようとする回避傾向という2つの相反する傾向が合成されたものであると考えた。動機づけを考える上で，正反対の方向性を示す回避傾向を用いて達成動機のメカニズムを説明しようとするユニークな視点をもった理論である。

アトキンソンは，成功への期待（主観的確率）が中程度の課題のとき，もっとも接近傾向が強くなると仮定した（図13−3）。その根拠は次のような考え方によるものである。接近傾向の強さは，成功したいという動機，成功への期待（0から1の間の数値で表される），成功の価値（1から成功への期待を表す数値を引いたもの）の3つの積で表される。このことから，成功への期待が高いほど成功への価値が低くなるため，成功への期待と価値が中程度（いずれも0.5）のときがもっとも接近傾向が強くなると導き出

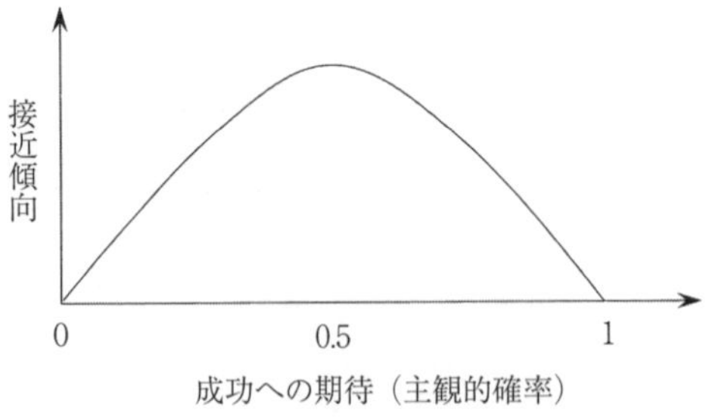

図13-3　成功への期待と接近傾向

出典：ディビット・C. マクレランド（著）　林保（監訳）
1971　達成動機　産業能率短期大学出版部

すことができる。

3節　リーダーシップ

1　リーダーシップとは何か

人が集まって集団になると，その中で何かしら仕切る人が現れる。このような人はフォーマルであれインフォーマルであれ，「リーダー」とよばれるポジションの人物であろう。このように，リーダーが発揮するある種の能力をリーダーシップとよんでいるが，かならずしもリーダーだけがリーダーシップを発揮するわけではない。サークルや部活動で合宿の企画を考えるとき，担当責任者がリーダーではあるが，それ以外のメンバーも話し合いの中でよりよい企画としてまとまるように意見を出すことがあるだろう。これもリーダーシップということができる。ストッディルは，リーダーシップを「集団目標の達成に向けてなされる集団の諸活動に影響を与える過程」と定義している。ここでは，リーダーシップ研究の変遷とともに，代表的なリーダーシップ理論について紹介する。

(1) リーダーの特性論

リーダーの特性論は，優秀なリーダーはどのような特性をもっているのか，また優れたリーダーは，そうでないリーダーや他のメンバーと比較して，どのような特性や資質が突出しているのかについて明らかにしようとする研究アプローチである。特性論によるリーダーシップ研究は，20世紀初めから半ばにかけて盛んに行われていた。ストッディルは，数多くのリーダーシップ研究を整理して，優秀なリーダーがもつ特性には，判断力や創造性などの「知性」や信頼性や自信などの「責任感」，学識や経験などの「素養」，社交性や協調性などの「参加性」，社会的地位や名声などの「地位」があることを明らかにしている。一方で，このようなリーダーがもつ特性がかならずしも必須でないことも結論づけている。

(2) 行動理論～社会的風土の実験とPM理論

優れたリーダーの特性，いいかえればリーダーの内面からリーダーシップの本質を明らかにしようとする試みに続いて，目に見えない“内面”から目に見える“行動”に焦点を当ててリーダーシップを明らかにしようという行動アプローチが行われるようになった。この代表的かつ古典的な研究として，ホワイトとリピットによるリーダー行動の分類がある。社会的風土に関する実験である。

この研究では，小学生を３つの集団に振り分け，各集団に大学生のリーダーを配置し，お面づくりが行われた。それぞれの集団に対する大学生リーダーのリーダーシップ行動のとり方として「専制型」「民主型」「放任型」の３種類を設定して，その効果を検討した。専制型は，集団で行う活動のすべてをリーダーが指示し，決定した。民主型は，集団でやることを子どもたちの協議によって決定し，リーダーは協議した内容について助言する形でかかわった。放任型は，すべてを子どもに一任して，リーダーはほとんどかかわらなかった。

その結果，仕事の質は民主型がもっとも優れ，仕事量は専制型と民主型リーダーの集団で優れていた。仕事に対する動機づけや創造性は民主型で高く，専制型では，リーダーがいるときだけ作業し，不在のときには仕事を怠る傾向が見られた。放任型では仕事をせずに遊ぶ子どもが多く見られ，仕事の質も量も他の集団と比べて低い傾向が見られた。集団のメンバーに対するリーダーの行動の違いが，仕事の質や量のようなパフォーマンスに影響を及ぼすことが明らかになったのである。

このような集団に効果をもたらすリーダー行動は，その後の研究によって大きく２つの次元に集約できることが明らかになった。その１つが集団の目標を達成することや具体的な課題への取り組み方などに影響を与える言動を備えた「課題志向的」なリーダーシップ行動であり，もう１つが，チームワークやメンバーの満足感など，集団内の人間関係を維持しようとする言動を備えた「人間関係志向的」なリーダーシップ行動である。この代表的な理論として，三隅二不二（みすみじゅうじ）による PM 理論があげられる。この理論では，課題志向的な行動を P 機能，人間関係志向的な行動を M 機能としてリーダーの行動パターンを分類している。P は Performance，M は Maintenance の略である。P 機能は，メンバーを最大限働かせるように指示したり，仕事量について口やかましくいったり，目標を達成するための計画を綿密に立案するなど，自ら集団を引っ張っていく言葉を発したり，自ら動く行動をいう。それに対して M 機能は，リーダーがメンバーをサポートしたり，メンバーを信頼し，その立場を理解するように努めたり，公平に対応するようなメンバー思いの行動をいう。表13−3のように，どのリーダーにも，この2つの機能が高低2水準備わっていると想定し，その組み合わせによってPM型，P型（またはPm型），M型（またはpM型），pm型の4つに分類している。

表13-3　PM理論の4つの型

リーダーシップ行動の次元		P機能	
		低	高
M機能	高	M型	PM型
	低	pm型	P型

出典：リーダーシップ行動の科学（改訂版）有斐閣

(3) 状況即応理論

PM理論に代表されるリーダーシップの行動理論は，状況を問わず有効なリーダーの行動とは何かを明らかにしようとする研究アプローチで，1960年代後半にかけて多く行われていた。その時期に前後して，状況によって有効なリーダー行動が異なるのではないか，という新たな考えが台頭してきた。これを状況即応アプローチとよんでいる。この立場は，行動理論に加えて，複雑な状況も要因としてリーダーシップを解明しようとする理論である。

この理論で代表的なのは，フィードラーによるコンティンジェンシー・モデルである。この理論の特徴は「一緒に仕事をする上でもっとも苦手な人，一緒に仕事をしたくない人」に対してどのようなリーダーシップ行動をとるかを高低2つに分類し判断する。このことをフィードラーはLPC（Least Preferred Co-worker）とよんでいる。白樫三四郎（しらかしさんしろう）によるLPC尺度では，上述した人物を思い浮かべてもらい，「楽しい—楽しくない」「退屈である—興味深い」「信頼できる—信頼できない」のような対になる言葉について8段階評定で回答し，得点化する。評定得点が高いほど，その苦手な人物に対して肯定的に評価していることを表し，低いほど否定的に苦手な人物を評価していることを表す。その結果，LPC得点が高い人は人間関係志向的で，低い人は課題達成志向的な傾向をもっているとみなすのである。

図13−4は，LPC得点によるリーダーシップ行動が，置かれた集団状況の有利さによってどのように異なるのかについて示したものである。有利な集団状況とは，リーダーとメンバーとの関係が良好で，取り組む課題が構造的，す

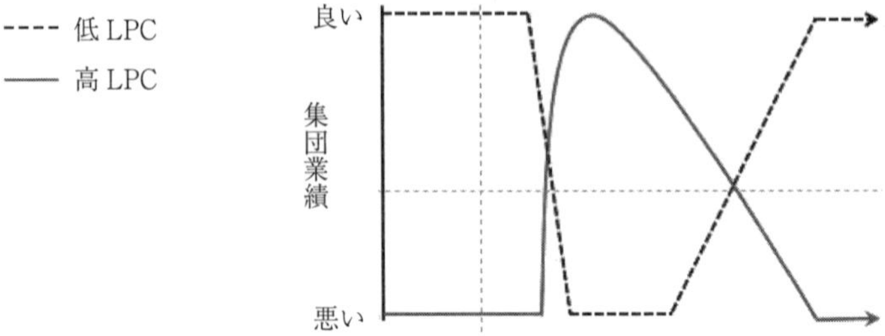

環境	Ⅰ	Ⅱ	Ⅲ	Ⅳ	Ⅴ	Ⅵ	Ⅶ	Ⅷ
リーダーとメンバーの関係	良い	良い	良い	良い	悪い	悪い	悪い	悪い
課題が構造化されている程度	高い	高い	低い	低い	高い	高い	低い	低い
リーダーのもつ地位・勢力	強い	弱い	強い	弱い	強い	弱い	強い	弱い
総体的な集団状況	有利な状況			やや有利		不利な状況		

図 13-4　コンティンジェンシー・モデル

なわち明確であり，リーダーの地位勢力が強い場合である。このときは，低 LPC のような課題達成志向的なリーダー行動を発揮すると，集団の業績がよりよくなることを示している。同じく，集団状況が不利な場合も低 LPC のリーダー行動が効果をもたらすと考えられている。一方で，高 LPC のリーダー行動が効果的なのは，集団状況が中程度に良好な場合であることが，この図から読み取ることができるだろう。

参考文献

藤森立男（編著）　2010　産業・組織心理学――変革のパースペクティブ　福村出版

角山剛（著）　重野純・高橋晃・安藤清志（監修）　2011　産業・組織（キーワード心理学シリーズ 12）　新曜社

田中堅一郎（編）　2011　産業・組織心理学エッセンシャルズ〔改訂三版〕　ナカニシヤ出版

岡村一成（監修）　藤田主一（編）　2012　ゼロから学ぶ経営心理学　学文社

14章　心理学の歴史

かつて，ドイツの心理学者エビングハウスは「心理学の過去は長いが，歴史は短い」と述べた。この言葉は，古来より人間はその心理現象に関心をもっていたが，学問体系としての取り組みは始まったばかりであるという意味であろう。振り返れば，科学的な心理学が誕生してから百数十年の歴史を刻んでいるにすぎない。この章では心理学の歴史について概観していこう。

1節　科学になるまでの心理学

1　ギリシア・ローマ時代の心理思想

古代ギリシアやローマの時代は，さまざまな学問が芽生えた時代といってよいだろう。こころとは何か，精神とは何かを求めて，当時の人たちは議論を戦わせていたに違いない。まずはこの時代に活躍した学者を取り上げよう。

(1) プラトン

プラトンは，人間を霊魂と肉体という２つの面からとらえようとした。彼は身体の重要な器官として髄（脳髄と脊髄）をあげ，それらに霊魂が働きかけて精神活動が起こるのだと考えたのである。このような考え方を心身二元論という。人間が死ぬと霊魂は神々のもとに帰るので，霊魂は生命の源である。古代エジプトでミイラがつくられたのも，この思想によるものである。

(2) アリストテレス

アリストテレスはプラトンの弟子であるが，プラトンとは異なり一元論の立場をとった。彼は『デ・アニマ（霊魂論）』という書物を著し，人間の感覚や欲望，思考や理性などこころの問題を最初に取り上げた。彼は心臓がすべての精神活動の中枢であり，心臓にそれらの情報が集まって分類整理されると考えたのである。脳髄の役割は，プネウマ（動物精気）を冷却する器官ということである。つまり，精神は身体（生活体）の機能になるのである。

(3) テオプラストス

テオプラストスはアリストテレスの愛弟子である。彼は具体的な人間行動の個性的な面に注目した。彼の著書『エチコイ・カラクテレス（人さまざま)』（森進一訳，岩波文庫，1982）には，軽妙なタッチで当時のギリシア人の性格特性が30篇描写されている。たとえば，「貪欲」な人間は次のように描かれている。

貪欲とは，いやしい利得をむさぼることである。貪欲な人は人を招待しても充分にパンも出さず，自宅に逗留している客からお金を借りる。芝居には無料になる時刻を見はからって息子たちを引き連れて行く。息子が1カ月病気で学校を休むと，授業料からその分を差し引く。友人が結婚するときには，少し前から旅行に出るようにして婚礼の贈り物を出さないようにする。

(4) ヒポクラテス

ヒポクラテスは人類最初の医者といわれている。彼は，人間の体内には黒胆汁，粘液，黄胆汁，血液という4種の体液があり，そのバランス・アンバランスによって健康・不健康が決まるという体液病理説を唱えた。宇宙のことをコスモスというが，人間は小さい宇宙，つまりミクロコスモスであり，4種の体液は宇宙を構成する4元素（地，水，火，風）に相当すると考えたのである。

(5) ガレヌス

ガレヌスはローマの医者である。彼は4種の体液と気質との関係を研究した。4種の体液のどれが多いかによって人間の気質が決まると考えた。これが有名な四気質説である。黒胆汁と陰気（憂うつ質），粘液と平気（粘液質），黄胆汁と短気（胆汁質），血液と陽気（多血質）がそれで，性格の類型論の始まりとなるものである。この学説は否定されているが，気質の名前は現在も残っている。

2　中世・近世の心理思想

中世は「暗黒の時代」とよばれることがある。この時代の宗教の力は絶大なものであったが，その中から科学的な思想が芽生えていった。

(1) デカルト

フランスの哲学者デカルトは，動物はプネウマ（動物精気）によって動くものであると考えた。神経は細い管で，その中をプネウマが流れてさまざまな運動が起こるが，動物と異なり人間はプネウマを統制するこころというものをもっている。デカルトのこの考え方は，こころと身体の2つを認める心身二元論である。

(2) イギリスの経験論

経験論というのは，人間のこころはすべて生後の経験によって構成されるという考え方である。ロックは主著『人間悟性論』の中で，人間のこころは生まれたときはもともと白紙（タブラ・ラサ）で，その白紙の上にさまざまな経験が積み重ねられて個人のこころが形成されると考えた。接近している経験や類似している経験が連合してこころの内容がつくられるということである。

(3) ヘルバルト

ドイツの教育学者ヘルバルトは『教育学講義綱要』を著し，教育の目的を倫理学に，方法を心理学に求め教育学を体系化した。彼は表象（あるものについての意識内容，観念ともいう）は力をもっていて，その力の強いものは意識に残り，弱いものは意識の下に沈むと考えた。意識の下に沈んだ表象は集団となって残り，新しい情報を理解する素地になるというのである。

2節　科学的心理学の発展

1　科学的心理学の誕生

イギリスのダーウィンが1859年の著書『種の起源』の中で提出した進化論は，多種の動物と人間とを比較することから始まり，あらゆる学問に大きな影響を与えた。心理学も例外でなく，適応や個人差の研究を促進し，その後のアメリカの機能主義の心理学へ発展していった。図14－1は，心理学の発展を示したものである。

(1) 精神物理学

ドイツのフェヒナーは，1860年に精神物理学という分野を提唱した。彼は，感覚のような個人の心理的過程を物理的な現象と同様に測定する方法を見いだしたのである。精神物理学とは精神と身体についての精密な理論，心身の対応関係ということである。「心理的な感覚量は物理的な刺激量の対数に比例す

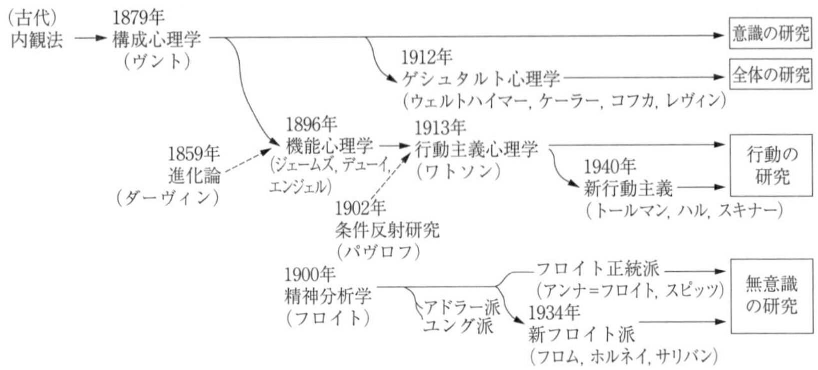

図 14 - 1　心理学の発展（岡村一成による）

る」というフェヒナーの法則は，心理学の重要な公式として高く評価されている。

(2) 構成心理学

1879 年，ドイツのヴントはライプチヒ大学に世界最初の心理学実験室を創設し，こころの問題を哲学から分離させて科学的に解明しようとした。彼は「意識」を主要な研究対象とし，それを感覚，感情，観念（表象）という 3 要素の集合として考えた。複雑な意識の過程を要素に分析し，要素の結合として意識の法則を証明しようとした。そこで彼の心理学は構成心理学とよばれている。感覚は視覚，聴覚，皮膚感覚など，感情は快，不快，興奮，沈静など，観念はこころに浮かぶさまざまなイメージのことである。彼は自分で自分のこころを観ていく内観という研究方法を採用した。ヴントの実験室には世界各地から研究者が学びに訪れ，それぞれの国で心理学実験室を開設していったのである。

心理学に新たな視点を取り入れたヴントの多大な業績をたたえ，1980 年にライプチヒ大学で国際心理学会が開催され，世界各国から多くの心理学者が参加した。図 14 − 3 は，参加者へ配布されたリーフレットに掲載されているヴントの雄姿である。

(3) 機能主義の心理学

ヴントのもとで学んだアメリカのティチナーは，帰国後，ヴントの心理学をアメリカで発展させた。彼はヴントの構成心理学を忠実に継承し，意識の詳細

図 14 - 2　フェヒナー

図 14 - 3　ヴント

図 14 - 4　ティチナー

図 14 - 5　ジェームズ

な分析を行って厳密な実験心理学を広めようとしたのである。しかし，アメリカにはアメリカに合った心理学が台頭してきた。機能心理学がそれである。

アメリカの心理学者たちは，人間の意識がどのような要素から構成されているかよりも意識の機能を重視していた。実用主義（プラグマティズム）の観点から環境に対する意識の働きに注目し，適応や個人差の問題に関心をもった。意識の働きは環境に対する適応の仕方に表れるのである。その働きかけに必要なものとして知能や性格が注目され，それらを測定する知能検査や性格検査が発達していった。

機能心理学を創設したジェームズは，情緒や知性，道徳などの発達的な課題，記憶や学習の転移，情緒的反応に関する研究を行った。デューイは学習を個人と集団の活動を通して構築する方法を主張し，エンジェルは機能心理学を実質的に発展させた。

2　科学的心理学の展開

19 世紀後半から 20 世紀にかけての心理学は，哲学的，倫理的な視点から脱却して科学的な心理学へ踏み出した大きな転換期であった。それはドイツ的な実験心理学の流れと，アメリカ的な機能心理学の流れに代表される。その後，それぞれの心理学は新たな学問体系へと展開していった。

（1）行動主義の心理学

20 世紀に入ると，アメリカでは意識を前提にした心理学の研究に対して批判が起こった。ワトソンは，科学としての心理学の対象は客観的に観察が可能であり，物理的に測定できるものでなくてはならないと主張し，そのためには意識を研究するよりは行動を研究するべきだと考えた。行動主義の樹立である。ワトソンの主張はヴント以来の内観という方法に対する批判であったが，アメリカの心理学界を中心に広く支持された。彼はパヴロフの条件反射の影響を受けたといわれ，その原理を人間にも応用したのである。1913 年に発表した彼の論文『行動主義者からみた心理学』が話題になり，その後の行動主義が広まるきっかけとなった。ワトソンは，ネズミを被験体にした研究をしていたので，行動そのものに注目したのであった。ネズミが何を考えているかというネズミの意識はわからないが，ネズミがどのように行動したかという事実はつかむことができる。ゆえに行動主義は「意識なき心理学」ということになる。

行動主義の中心は，刺激とそれに対する反応で人間や動物の行動を説明することである。刺激をS，反応をRとすれば，行動主義の心理学は「S-R」とい

図 14-6　ワトソン

図 14-7　ハル

図 14-8　スキナー

う記号で表すことができる。つまり，どのような刺激（S）に対してどのような反応（R）が生じるかを分析することにある。のちに，ワトソンは「自分に健康な1ダースの乳児と育てる適切な環境を与えてくれるのなら，その子の遺伝的な要素とは無関係に，医者や芸術家，泥棒から乞食にまでしてみせる」と豪語して批判を受けた。

(2) 新行動主義の心理学

1930年代になると，ワトソンの行動主義はトールマン，ハル，スキナーなどの研究者に受け継がれていった。ワトソンは行動を刺激（S）-反応（R）で考えたが，アメリカのハルはワトソンの学説をさらに発展させた。彼は，刺激（S）-反応（R）との間に生活体（O）をおき，S-O-Rのシステムで行動を説明しようとした。生活体がもっている欲求の状態によって，同じ刺激が加えられても反応が異なるからである。この立場は新行動主義とよばれた。たとえば，肉の粉（S）をイヌの口に吹き込むと唾液分泌（R）が生じるが，それはどのような場合でも生じるのだろうか。じつはイヌが非常に満腹しているときにはそうならない。つまり，イヌの内的条件（空腹を満たす欲求）によってRが決まるのである。現代の学校教育は一斉授業の方法を用いているが，教室では児童生徒，学生1人ひとりの動機づけ（O）をいかに高めるかが問われる。

(3) ゲシュタルト心理学

アメリカで行動主義が生まれた頃，ドイツではヴントの構成心理学に対立する形でゲシュタルト心理学が誕生した。ゲシュタルト（Gestalt）とは，「要素や部分に分析できず，しかも要素以上の性質をもつ全体」という意味のドイツ語である。この心理学を提唱したヴェルトハイマー，コフカ，ケーラー，レヴィンたちは，知覚研究を出発点にさまざまな領域で活躍した。

ゲシュタルト心理学の学者たちは，心理学は意識を研究しても行動を研究してもかまわないが，それを細かく分析するのではなく全体として把握しなければいけないと主張する。ヴントのように意識を感覚，感情，観念に分けること，ワトソンのように行動を刺激と反応に分けることに反対し

図14-9　ヴェルトハイマー

たのである。たとえば駅のプラットホームの線路沿いに白いタイルが埋め込んであるのを見かけるが，私たちはそれを１本の白線として認知する。駅のアナウンスも「電車が入ってきますから白線の後ろまでお下がりください」といっている。全体的に見ることの好例である。

ヴェルトハイマーは仮現運動を発見した。ある２つの刺激を一定の時間間隔を置いて提示すると，あるはずのない運動が知覚される。踏切警報機は赤いランプが交互に点滅するが，赤い光が左右に移動しているかのように知覚されるのがよい例である。映画やアニメーション，ネオンサインなどの原理である。

コフカは，環境を自然的環境，社会的環境，文化的環境などに分けるのではなく，地理的環境（物理的環境）と行動的環境（心理的環境）に分ける。地理的環境は人間の意識とは独立した客観的世界，行動的環境は，人間の意識と密接に関係した主観的世界である。

ケーラーは，アフリカ北西部カナリア諸島（テネリフェ島）で，類人猿を被験体とする実験を行い，チンパンジーの課題解決場面を観察している中で，試行錯誤ではなく「洞察（見通し）」による学習を主張した。彼の研究成果は著書『類人猿の知恵試験』にまとめられている。

その後，ゲシュタルト心理学に加わったレヴィンは，動機づけやグループ・ダイナミックス，場の理論などの領域で活躍した。

3節　無意識を探る心理学

精神分析は，ウィーンの医師フロイトによって生み出された。彼は多くの神経症患者，ヒステリー患者を診察しているうちに，無意識の世界に抑圧されているその人の過去の問題が現在を動かしていることに気づいたのである。フロイトの精神分析の特徴は，深層心理学と汎性欲説の２つである。前者は意識の下に横たわっているこころの深層（無意識の世界）に注目するものであり，後者は人間行動に性的欲求を重視する立場である。性的欲求に関するフロイトの見解は多くの人びとの反発も受けた。彼は人格をイド（エス），自我（エゴ），超自我（スーパーエゴ）という３つの構造で考え，なかでもイドは性の衝動によって支配されると主張した。1900年に出版された著書『夢の解釈（夢判断)』は，私たちの人間観，世界観を左右するほど大きな影響を与えるものになった。「夢の解釈は，無意識の活動を知る王道である」という彼の言葉は有名である。しかし，フロイトはこのような思想により，当時台頭していたナチスから迫害を受けるに及んだ。精神分析は，汎性欲説の立場から性的欲求と文化とを結びつけようとしたのであるが，アドラーやユングたちはフロイトの考え方に異をとなえるようになり，ついにフロイトから離れていくことになった。

前列中央の長身の男性がクラーク大学のスタンレー・ホール，その右側がフロイト，その右隣がユング。前列左から2番目がティチナー，その右隣がジェームズ。(クラーク大学創立20周年記念祭に集まった心理学者たちの記念撮影)

図14-10　クラーク大学におけるフロイト(1909年)

アドラーは，優越への欲求というものを基本にして人間行動を考え，個人心理学（アドラー心理学）という独自の領域を開発していった。個人心理学というのは，生まれながら心身の劣等感をもっている個人が，それを努力によって補償するのを援助していこうとする心理学である。

ユングは，フロイトのいう無意識（ユングのいう個人的無意識）の下に，普遍的無意識（集合的無意識）というものがあることを提唱した。普遍的無意識には，生物発展史上のさまざまな経験や人類共通の体験が蓄積されるというのである。彼によると，世界の多くの民族にはユニークな神話や伝承が残されているが，そこに大きな類似点が存在しているのは普遍的無意識の力なのである。

第二次世界大戦後のアメリカでは，フロイトの教えを受けたわけではないが，フロム，ホルネイ，サリバンの3人の精神分析者による新フロイト学派が生まれた。彼らは人間の社会形成を研究の対象にしている。フロムは競争的社会における人間形成のひずみを取り上げ，ホルネイやサリバンは母子関係や社会的関係を重視する人間観を形成していった。

4節　日本の心理学

1　心理学の導入と発展

こころの問題に対する関心は江戸時代以前から存在していたが，現在のような心理学は主に欧米から輸入されたものといってよいだろう。日本において，近代心理学の導入と発展に寄与した学者は，西周(にしあまね)，井上哲次郎(いのうえてつじろう)，元良勇次郎(もとらゆうじろう)，松本亦太郎(まつもとまたたろう)の4人である。

西周は，1875（明治8）年，アメリカのヘヴンが著した『Mental Philosophy』（精神哲学）を訳出し，「心理学」という訳語を生み出した人である。1882（明治15）年，井上哲次郎もイギリスのベインの著書を翻訳して『倍因(ベイン)氏心理新説』として刊行した。この2人の学者の翻訳紹介によって，日本の心理学の基礎がつくられた。

元良勇次郎は，1888（明治21）年，帝国大学（現在の東京大学）で日本における最初の心理学教授として授業を行った。当時は講義名を心理学といわず精神物理学とよんでいた。彼はアメリカでスタンレー・ホールに指導を受け，皮膚感覚を研究した実験心理学者である。帰国後，多くの弟子を養成した。元良はアメリカやドイツの心理学を取り入れ，その研究は多岐にわたった。心理学以外にも興味をもち，参禅して修行したという話が残っている。

元良が体系づけた日本の心理学は，元良の教え子であり，彼の跡を継いで京都大学から東京大学教授に着任した松本亦太郎によって大いに発展した。松本はアメリカではスクリプチャー，ドイツではヴントの指導を受けた実験心理学者である。彼独自の「精神動作学」は，精神活動と身体的変化を研究する行動の科学である。多くの心理学者を育て，日本心理学会や応用心理学会（のちの日本

図 14 - 11　元良勇次郎

図 14 - 12　松本亦太郎

応用心理学会）の会長として学界をリードした。

東大で元良の教えを受け，のちに日本大学心理学研究室を創設した渡邊徹（わたなべとおる）によると，2人の授業は次のようだったという。「元良の講義は，教科書もノートも使わず，いわゆる穴だらけの講義で，あるところまで講義が進み，学生がこれからどうなるかといろいろな期待をしていると，他の面に飛んでしまう。学生は一生懸命ノートをとり，その穴を埋めるのに大変だった。しかし，松本の講義は微細なところまで講義者自身が埋め，学生が穴を埋めるといったようなところはなかった」（大村政男談）。

日本の心理学は明治期以来，欧米の研究成果を取り入れて大いに発展したが，1945（昭和20）年の太平洋戦争終結とともに，再び新しい時代を迎え今日に至っている。その内容は，本書の各章で詳細に述べられているであろう。

2　日本における超心理学

日本における超心理学の歴史は，元良の教え子であった福来友吉（ふくらいともきち）によって始められた。福来は『催眠心理学』という著書もある学者（東京大学助教授）である。

彼は，催眠状態にある人に透視能力があるらしいということから透視の研究に入った。透視（千里眼）というのは，見えないものをこころのある力で認知しようとすることである。彼は，ある文字をカメラで撮影し，その乾板を現像しないで被験者に透視させた。被験者は見事にその文字をいい当てた。また，乾板を現像したところ，念力によると思われる「かぶり」（画像とは関係なく生じる曇り）を生じているのが発見されたのである。

この念写の事実によって，福来は現在でいう超心理学の研究に没頭していくのだが，反対派の強い働きかけで文部省から休職を命じられ，やがて東大からの退職を余儀なくされてしまった。福来の研究は，外国の研究者からは高い評価を受けるが，東大からも国内の研究者からも見放され，孤立するという運命に陥ってしまったのである。福来が去ったあと，松本亦太郎の実験心理学が心理学研究の中心になっていくのである。

図14-13　福来友吉

参考文献

梅本堯夫・大山正（編著） 1994 心理学史への招待——現代心理学の背景（新心理学ライブラリ 15）サイエンス社

サトウタツヤ・高砂美樹 2003 流れを読む心理学史——世界と日本の心理学 有斐閣

佐藤達哉 2005 心理学史の新しいかたち 誠信書房

藤田主一・板垣文彦（編） 2008 新しい心理学ゼミナール——基礎から応用まで 福村出版

大山正 2010 心理学史——現代心理学の生い立ち（コンパクト新心理学ライブラリ 15） サイエンス社

高砂美樹 2011 心理学史はじめの一歩 アルテ

サトウタツヤ・鈴木朋子・荒川歩（編著） 無藤隆・森敏昭（監修） 2012 心理学史（心理学のポイント・シリーズ） 学文社

15章　心理検査トライアル

この15章は，『新 こころへの挑戦』のプレイグラウンドのようなところである。ここでは，他の章で詳しく説明されている心理検査とは違ったアングルから人間のこころを分析していこう。『新 こころへの挑戦』は大学教育で使用される優れたテキストであるから大脱線はできないが，リラックスした気持ちでトライしていただきたい。

心理検査は非常に興味深いので一般の雑誌にもしばしば掲載されている。よく目につくのは「血液型と性格」である。「性格心理学（パーソナリティの心理学)」では両者の関係はないといわれているが，「関係はない」というのを証明するのは，「関係がある」ということを証明することとともに，むずかしい問題である。そもそもこの問題に最初に手をつけたのは日本人なのである。

1916（大正5）年に日本赤十字社長野支部病院の医師原来復（はらきまた）が助手の医師小林栄（こばやしさかえ）と連名で書いた論文「血液ノ類属的構造ニ就テ」（『医事新報』954号）には，「ある小学校に兄が□型で弟が□型という2人の兄弟がいたが，兄の性格は柔軟で学業成績も優秀であったが，弟のほうは粗暴で成績も最低であった。このようなことは偶然な事柄かも知れないが，さらに調査を進めれば面白いことと思う」（要約）と記述されている。その後，旧日本陸海軍の軍医たちが血液型と兵士の個性に興味をもつようになってくる（1926年以降)。その頃に現れたのが東京女子高等師範学校（現在のお茶の水女子大学）教授の古川竹二（ふるかわたけじ）で，日本心理学会の機関誌『心理学研究』（第2巻4輯）に掲載した「血液型による気質の研究」という論文がわが国における血液型性格問題の源泉になる。しかし，古川の研究はその後あまり発展しなかった。わが国における血液型性格問題はまったく別の分野の人によって大発展してしまったのである。その人は有名な作家大宅壮一の門下の能見正比古（のみまさひこ）で，「血液型と性格」といえば「能見正比古」という時代が開幕することになる。

ヤマトタケルノミコトを祭神とするある神社の「おみくじ」には，能見の「血液型人間学」が用いられている。血液型と「おみくじ」に書かれた性格は次のとおりである。当たっているかどうか調べてほしい。

A 型の人の性格　周囲に細かく気をつかい，相手や周囲との間に波風が起こるのをとくにきらう。感情や欲求を抑制するほう。そっとした思いやりや察しあいを大切にする。筋を通し，ものごとのケジメ，白黒をはっきりつける頑固さがある。短気でもある。責任感や使命感が強く，根気強い。常識的な人が多い。

B 型の人の性格　マイペースの行動家。他からしばられたり，抑制されることを嫌がる。柔軟な考え方，新しい考え方をする。アイディアマンである。自分と考え方の異なった相手への理解力にも富んでいる。快活で活動的，話題が豊富で社交性に富み，まわりの人たちに親切である。一般的にものごとに対してケジメが乏しい。不用心さも目立っている。

O 型の人の性格　生きる欲望（活力，バイタリティ）が強い。ロマンチックな傾向（夢想的な傾向）と現実にマッチした傾向の 2 本立てである。目的志向性が強く目的が決まると直進し，その達成力もずばぬけている。感情生活はあっさりしていて，おおらかな人柄である。忍耐強さが目立つ人である。

AB 型の人の性格　ドライと思われるほどの合理的な考え方をする。感情の安定した面と不安定な面の二面性を合わせもっている。人間関係はにこやかで気配りがゆきとどいている。頼まれるとイヤとはいえない親切さがある。やや調子よさも見える。知的で合理的に行動する。要領がよい。経済的なセンスがある。食いしんぼうである。睡眠不足にきわめて弱い。

すでに触れたように「血液型と性格」の原産地はわが国である。かつて，イリノイ工科大学のウーリカ・シーガルストロレ准教授が笹川財団の援助で来日し，血液型性格問題を調査してまわったことがある（1989 年 5 ～ 6 月）。彼女の顔写真が残っていないのが残念である。

日本で生まれた血液型と性格の問題（正確に記述すれば「血液型気質論」）は，現在韓国・中国・台湾などで流行している。この流行の担い手は能見正比古の系統である「一般社団法人ヒューマンサイエンスABOセンター」である。わが国における「血液型ブーム」はかなり長い間テレビ番組の視聴率を支配していたが，血液型4型についての偏見が生じ，現在どこのテレビ局も放映していない。ただ女性雑誌の『an・an』は，しばしば「血液型と性格」についての関連記事を取り上げている。そのような記事が載ると雑誌の売行きがアップするとのことである。記事を担当しているG・ダビデ研究所の筆力によるものであろう。

2014年の12月に第3次安倍内閣が発足した。首相はB型である。太平洋戦争開戦後の総理大臣は現在の安倍まで延べ59人（うち1人は血液型不明），その内訳は，A型17人，B型8人，O型30人，AB型3人である。古川竹二（大著『血液型と気質』の著者）は，B型とO型の人はActiveで，A型とAB型の人はPassiveであるとしているが，そのような法則めいた事柄が成り立つものであろうか？　第3次安倍内閣の閣僚16人のうちA型が10人（62.5%）もいる。麻生太郎，甘利明，太田昭広，下村博文，高市早苗，中谷元，西川公也，宮沢洋一，山口俊一，山谷えり子の10人である。甘利明はTPP交渉における忍耐強い活躍で有名で彼がA型であることの適切なサンプルであるが，そのような1例では血液型と性格の確実な証左にはならない。しかし，能見一門の血液型人間学の支持者にとっては，クローズアップされた有名人が重要なのであって，比率などは問題外のことなのである。

われわれはかつて，大学生が何を信じているかを調査してみた。その結果は表15−1に表示されているが，星占い・手相・人相・血液型・干支（かんし）の5種の占いを選択肢にしている。若い人たちにとって干支は縁が遠いように思われるが，日常的な現象である。ネズミどしとか，ウシどしなど頻繁に使われている。「ひのえうま」生まれの女性は気性が荒く夫を殺す，とふつうの国語の辞書にも載っているくらいで，昭和の該当する年には出生率が急激に低下している。占いといっても等閑視できないことである。血液型についてカウントすると，男子では481人中の52.5%，女子では349人中の72.1%になる。女子は男子よりも被暗示性が強いので多くの占いごとに入魂しているようである。心理検査は占いごとではないが，ハイレベルなものになってくると相当な臨床経験がないと使用することはできない。しかし，簡単なものでも遊びごとに使うこ

表 15-1　大学生は何を信じているか

No.	組み合わせ数	星	手	人	血	干	男子	女子	No.	組み合わせ数	星	手	人	血	干	男子	女子
1	5	●	●	●	●	●	3.3	3.7	17	2				●	●	0.4	1.1
2	4		●	●	●	●			18	2	●				●	0.4	0.3
3	4	●		●	●	●			19	2	●	●				1.0	1.7
4	4	●	●		●	●		0.6	20	2		●			●		0.3
5	4	●	●	●		●		0.6	21	2		●	●			1.6	1.1
6	4	●	●	●	●		3.3	7.2	22	2	●		●			0.4	
7	3			●	●	●			23	2		●		●		3.1	7.4
8	3	●			●	●	1.0	0.9	24	2			●		●		0.3
9	3	●	●			●		0.3	25	2	●			●		7.9	19.4
10	3	●	●	●			0.4	0.9	26	2			●	●		1.7	0.9
11	3		●		●	●	0.4	0.3	27	1	●					5.4	4.6
12	3		●	●		●		0.3	28	1		●				5.6	5.7
13	3		●	●	●		0.8	2.0	29	1			●			4.8	3.2
14	3	●		●		●			30	1				●		27.9	14.0
15	3	●		●	●		1.0	1.7	31	1					●	1.5	0.3
16	3	●	●		●		1.7	12.9	32	0	なにも信じない					26.4	8.3

とは避けるべきである。

「心理学」という語を一般の国語の辞書で調べてみると，「人間の心に関する経験，すなわち知覚・感情・意志・記憶などを対象にして，精神生活の特質を研究する学問」としてある。それでは心理学と似ている言葉の「物理学」はどのように説明されているか。同じ辞書で調べてみると，「質的変化を伴わない自然現象を対象とする自然科学。力学・熱学・電磁気学・音響学・光学などに分かれている」としている。心理学とはまったく異なった分野であるが，心理学では物理学的技法を用いて多くの問題を解決している。心理学はその初期において「精神物理学」とよばれたことがある。しかし，心理学の研究の対象となっているのは広大無辺，正体不明の人間のこころである。「心理学」を専攻しているというと一般の人たちは「他人のこころが読めるのか」と思いがちであるが，心理学はそのようなものではない。イギリスの推理小説の主人公である名探偵シャーロック・ホームズは相棒のワトソン博士に次のようにいっている。「それぞれの個人は解くことのできない謎であるが，集合体の中においてはその個人は数学的確実性に入ってくる。君はある１人の人がどんな行動をするかを予測できないが，その人が属する集合体がどんな行動をするかは正確に言い当てることができる。個人は変容するが百分比には変わりがないのだ」と。アメリカの有名なパーソナリティ心理学者オルポートは，ホームズの言葉に続いて「心理臨床の真の目的は集合体の行動予測をすることではなくて，ある個人が何をするかを予測することである。この目的を達するために統計的予測はときには役立つかもしれないが，それだけでは十分ではないのである」と結んでいる。たしかに心理学者は，人間性についての一般的法則については精通しているが，それぞれの個人についてはまったく闇なのである。

しかし，最近の心理学はその心理臨床の分野で個人を対象とするように変容してきた。精神科医は患者個人を対象にして投薬を含めた治療活動ができるが，心理臨床の専門家にはそのようなことはできない。心理学は重大な局面にぶつかっているのである。1879年，ドイツのライプチヒ大学で誕生した心理学はアメリカできわめて実用的な科学に変身していった。わが国の心理学も1945（昭和20）年8月の終戦以降，まったく新しい心理学に成長してきた。その代表的なものがアメリカから移入された心理検査である。

ここでは実際に2件の心理検査を実施してみよう。これらの心理検査は質問紙法とよばれるもので，性格についての研究でもっとも多く使用されている。この質問紙法の原点は，第一次世界大戦にアメリカが参戦したときに心理学者に依頼して作成された“Personal Data Sheet”（個人資料用紙）にある。この心理検査の目的はここでは明らかにしないが，アメリカ陸軍はこの検査を知能検査（集団式）とともに多くの志願兵に実施したのである。アメリカ人は実用主義の哲学（プラグマティズム）を尊重するといわれているが，まさにそのとおりである。

それでは心理検査にトライしよう。次に（1）から（60）までの項目が用意されているから，それぞれの項目を黙読して回答欄にあるY（YES）かN（NO）かのどちらかを○で囲むこと。○で囲むときには医師に自分の容態を報告するような気持ちでするように。あまりこまかくいろいろな状況を考えてしまうとわからなくなるから，最初に頭に浮かんだYかNかで答えるように。

（1）　Y　N　皮膚にジンマシンのような吹出物が出ることが多い。

(2)　Y　N　まわりの人たちから監視されているような気がしたことがある。
(3)　Y　N　一度決めたことでも他の人のアドバイスですぐ変えてしまう。
(4)　Y　N　何かあると顔がほてってくる。
(5)　Y　N　睡眠薬を飲まないと眠れないことがある。
(6)　Y　N　いつもピリピリ緊張して生活している。
(7)　Y　N　しばしば尿意を感じてトイレに行きたくなる。
(8)　Y　N　じっとしていられないほど不安になることがある。
(9)　Y　N　人生について重荷を感じている。
(10)　Y　N　日常の人間関係がめんどくさいほうである。
(11)　Y　N　夜うなされて目をさますことがときどきある。
(12)　Y　N　何かにつけて心配しがちである。
(13)　Y　N　食欲不振な日が多い。
(14)　Y　N　空想にふけるのが好きである。
(15)　Y　N　自信がないので新しいものごとにトライできない。
(16)　Y　N　大勢の人の前に出ると気おくれしてしまう。
(17)　Y　N　よく寝言をいうといわれる。
(18)　Y　N　食べ物の好き嫌いが多い。
(19)　Y　N　緊張すると汗が出がちである。
(20)　Y　N　待たされるとイライラしてしまう。
(21)　Y　N　自分はまったく役に立たない人間だと思うことが多い。
(22)　Y　N　恥ずかしがりやである。
(23)　Y　N　睡眠がいつもより浅いような気がする。
(24)　Y　N　不幸なことが起こりはしないかと心配しがちである。
(25)　Y　N　不愉快なことがあると体調がくるってくる。
(26)　Y　N　気が散りやすいほうである。
(27)　Y　N　自分の無力を切実に感じることが多い。
(28)　Y　N　同じくらいの年齢の異性が苦手である。
(29)　Y　N　家族の中に怒りっぽい人がいる。
(30)　Y　N　他の人よりも情緒不安定だと思っている。
(31)　Y　N　胃腸の調子が安定していない。

(32) Y　N　ある物を買ってもすぐまた別の物を手に入れたくなってくる。
(33) Y　N　難しいことにぶつかると解決するよりは回避してしまう。
(34) Y　N　他の人からよく顔が赤くなるといわれる。
(35) Y　N　2，3日に一度は嫌な夢をみる。
(36) Y　N　いつも何かについて，誰かについて不安を感じている。
(37) Y　N　緊張すると唾液が出なくなってしまう。
(38) Y　N　授業中それとはまったく関係のないことを考えていることが多い。
(39) Y　N　答案や手紙を出したあとミスの有無を心配しがちである。
(40) Y　N　人前に出ると自分の顔つきや顔色が気になるほうである。
(41) Y　N　睡眠が不規則で乱れがちである。
(42) Y　N　いつも自分は運が悪いと思っている。
(43) Y　N　何かあると頭痛がしてくる。
(44) Y　N　ある1つのことに意欲を集中できない。
(45) Y　N　ものごとを決めるとき時間がかかる。
(46) Y　N　友だちが何気なくいったことがいつまでも気になる。
(47) Y　N　人に話せないようなことがよく夢に出てくる。
(48) Y　N　家族の中に神経過敏な人がいる。
(49) Y　N　緊張すると胸がドキドキしてくる。
(50) Y　N　ものごとがうまくいかないと投げ出したくなる。
(51) Y　N　困難なことがたくさんあって耐えられなくなることがある。
(52) Y　N　人前に出るとどうしてもあがってしまう。
(53) Y　N　いつもなかなか寝つかれない。
(54) Y　N　他人からすればなんでもないことを必要以上に心配してしまう。
(55) Y　N　これといって悪い物を食べないのに下痢を起こすことがある。
(56) Y　N　まわりの知人が何を考えているかをいつも想像している。
(57) Y　N　困ったことがあると爪を咬(か)む癖がある。
(58) Y　N　中学や高校時代に気の合った友だちがいなかった。
(59) Y　N　占いごと（星占いや血液型占い）が好きである。
(60) Y　N　ものごとをするとき，むずかしく考えがちである。

これで最初の心理検査を終わる。気がついていると思うが似かよった項目が多数目についたはずである。しかも不快でネガティヴなものばかりである。どうしてそういうものばかりが目立っているかというと，この心理検査は「神経質」(神経過敏性) を見ようとするものだからである。ここには60問のすべてがそれに関するものであるが，一般に実施するときには関係のない項目を多数混入させて全体をソフトなものにして目的をカモフラージュしてしまうのがふつうである。たとえば，(00) Y　N　動物園や水族館に行くのが好きである。(00) Y　N　昆虫採集が好きである。(00) Y　N　時代劇のテレビ番組や映画が好きである。――というような関係のない項目 (緩衝項目という) をところどころに混ぜて，本来の目的を擬装してしまうのである。

次に回答欄を整理してみよう。Yの個数が神経質の得点ということになる。しかし，この得点は粗点 (素点) といってある規準に照らしてみないと個人の神経質のレベルがわからない。この回答欄の次にこの神経質検査の基準が掲載されているから参考にしてほしい。

回　答　欄

1. Y　N	7. Y　N	13. Y　N	19. Y　N	25. Y　N	31. Y　N	37. Y　N	43. Y　N	49. Y　N	55. Y　N
2. Y　N	8. Y　N	14. Y　N	20. Y　N	26. Y　N	32. Y　N	38. Y　N	44. Y　N	50. Y　N	56. Y　N
3. Y　N	9. Y　N	15. Y　N	21. Y　N	27. Y　N	33. Y　N	39. Y　N	45. Y　N	51. Y　N	57. Y　N
4. Y　N	10. Y　N	16. Y　N	22. Y　N	28. Y　N	34. Y　N	40. Y　N	46. Y　N	52. Y　N	58. Y　N
5. Y　N	11. Y　N	17. Y　N	23. Y　N	29. Y　N	35. Y　N	41. Y　N	47. Y　N	53. Y　N	59. Y　N
6. Y　N	12. Y　N	18. Y　N	24. Y　N	30. Y　N	36. Y　N	42. Y　N	48. Y　N	54. Y　N	60. Y　N

判定規準 (適用年齢　18歳～30歳)

心理検査の結果は一般に物理的な測定と同じように数値 (数字) を使うが，その数値は検査時の個人の心的状態によって動揺しがちである。そこで，ある幅をもった判定をする。ここでは平均値 ($\bar{x}$) と標準偏差 (SD) を使って男女別に以下の判定規準を作成した。適用年齢は18歳から30歳としたが，そのことを承知の上で30歳以上の人が自己判断的に実施してもかまわない。

表 15 - 2　神経質質問紙得点規準と解説

レベル	男性基準	女性基準	全人口における出現率と解説
A	0 ～ 1	0 ～ 2	7%　神経質傾向はかなり低い
B	2 ～ 11	3 ～ 12	24%　神経質傾向は低い
C	12 ～ 21	13 ～ 22	38%　神経質傾向は平均的である
D	22 ～ 31	23 ～ 32	24%　神経質傾向は高い
E	32 以上	33 以上	7%　神経質傾向はかなり高い

（注）一般に男性よりも女性のほうが神経質である。

解　説

「神経質」という言葉をふつうの国語辞典で引いてみると，「感じやすくものごとを気にしやすい性質。神経過敏な性質」と説明されている。専門の辞典によると，その解説は約 800 字に及んでいるが，内容の核心は国語辞典と大同小異である。神経質質問紙得点規準と解説（表 15－2）を見てほしい。A と B の 2 つのレベルは神経質傾向が非常に低い人で，全人口の 31% を占めている。他人の気持ちを推し量ることができないから「厚かましい人」とか「面（つら）の皮の厚い人」などといわれてしまう。C のレベルは平均的，つまり全人口の 38% を占めるふつうの人である。D と E の 2 つのレベルは神経質傾向がかなり高い人で，全人口の 31% を占めている。このレベルの人は，A・B レベルの人とは正反対の人である。敏感なレーダーの持ち主で自分にまったく関係のないことも自分に関係づけて反応してしまう。そういう人たちは人生で損をしがちである。

次の心理検査に移ろう。この検査は何を見ようとしているかは後で明らかにしよう。回答の仕方は前回の神経質検査と同じである。

(1)　Y　N　すぐがっかりするほうで沈んだ気分になったり，ときには急にふさぎこむことがある。

(2)　Y　N　身なりを気にするほうで，動作や行動，それから服装や持ち物などで人の注意を引くのが好きである。

(3)　Y　N　緊急の場合（例：火災や地震）でも冷静であわてたり，うろたえるようなことはない。

(4)　Y　N　みんなと議論するとき非常に積極的になってイライラしやすい。
(5)　Y　N　ひとりぼっちでいても決してさびしくない。
(6)　Y　N　たびたび後悔するようなことをしてしまう。
(7)　Y　N　私の家庭の人間関係はおだやかで楽しい。
(8)　Y　N　他人に対してときどき怒りを爆発させてしまう。
(9)　Y　N　自分が間違っていることがわかるとすぐそのミスを認める。
(10)　Y　N　失敗するとつい他のものや他の人のせいにしてしまう。
(11)　Y　N　私は友だちの誰よりも有能だと思っている。
(12)　Y　N　私は生涯すばらしい幸運に恵まれることはないと思ってあきらめている。
(13)　Y　N　自分の収入を超過した生活をする傾向がある。
(14)　Y　N　何かにつけて自信が不足しているので悩んでいる。
(15)　Y　N　感動的なドラマを見ていると涙が出てしまう。
(16)　Y　N　ちょっとしたことで怒ってしまう。
(17)　Y　N　自分の優れていることを他の人になんとか認めさせたいと思う。
(18)　Y　N　どちらかというと権威的な地位につきたいほうである。
(19)　Y　N　苦しいときや不機嫌なときには短気で怒りっぽくなりがちである。
(20)　Y　N　他の人にものごとを頼むことが多い。
(21)　Y　N　ある特定の人たちに憎悪感をもっている。
(22)　Y　N　知人が大きな利益を得たり大成功をおさめたりするといい気持ちがしない。
(23)　Y　N　同情心が強いほうである。
(24)　Y　N　しばしばイライラしがちである。
(25)　Y　N　死んじゃいたいと思うことがある。

これで２番目の心理検査を終える。次に回答欄の整理をしてみよう。前の心理検査（神経質検査）と違って，ＹとＮのどちらかに○を付けることによって得点が異なってくるから注意すること。

ＹとＮの得点の配分

次ページにある回答欄を見てほしい。(1)のアイテムに対してＹを○で囲ん

回　答　欄

No.	1	2	3	4	5	6	7	8	9	10	11	12	13	14	15
Y	11	7	26	12	40	10	31	11	26	7	6	11	13	7	5
N	21	20	7	30	8	20	6	20	10	26	25	29	26	25	30
No.	16	17	18	19	20	21	22	23	24	25	総得点		情緒年齢		
Y	11	7	12	5	7	7	11	22	10	5					
N	28	25	30	20	24	21	21	7	20	20					

だ場合には11点，Nを○で囲んだ場合には21点となる。以下これに準じた方法で採点してほしい。

最終的整理と判定

回答の総得点（Y点＋N点の合計点）はいくつになったか。総得点が算出されたらそれを25で除し，小数第1位を四捨五入する。もしも，ある人の合計点が470点だとすると，470/25=18.8→19となる。この19という数値は何を意味するのか。そもそもこの心理検査の正体は何だろう？

この心理検査はアメリカの心理学者フレデリックが考案した「情緒年齢」を測定しようとする珍しい検査で，アメリカの学会でもわが国の学会でも発表されている。それでは情緒年齢とはなんだろう？　平易な言葉で表現すれば感情的に成熟しているかどうかを調べ，それを年齢で示そうとしているのである。次に掲げてある段階表（表15−3）はフレデリックによって設定されたものである。

表15-3　情緒（情動）年齢判定表

レベル	基準	判定
A	15以下	相当子どもっぽい。
B	16～17	子どもっぽい。
C	18～19	情緒（情動）の成熟はふつうである。
D	20～21	良好に成熟している。
E	22以上	よりよく成熟しているといえる。

この「心理検査トライアル」では「性格」を中心に記述してきた。なぜかというと，自分の性格について悩んでいる人が多いからである。もちろん，知能について悩んでいる人もいると思うが，中心的な悩みは性格にあるようである。「性格」は英語の character，ドイツ語のカラクテル（Charakter）の訳である。語原はギリシア語で「彫り込まれたもの」である。それに基づいたわけではないが，「性格」は変わらないというのが社会通念になっている。心理学界でもその常識はそのまま通用してきた。しかし，1968 年にアメリカの心理学者ミッシェルが，心理検査によって測定された「性格」とよばれるものが個人の置かれた状況によってさまざまに変容してしまうことを指摘して，アメリカ心理学界に激震が走った。もちろん，わが国の学界にもその余震が及んでいる。ミッシェルの考え方を一般に「状況論」とよんでいるが，たしかにわれわれは状況に適応して「自分」を変容させている。神経質のレベルがＣレベル以外の人たちは，状況にマッチした行動をとることが一般的に下手である。心理検査を受けることによって，新しい「自分」をクリエイトしてほしい。

参考文献

大村政男　2012　新編 血液型と性格　福村出版

渡邊芳之・佐藤達哉　1996　性格は変わる，変えられる――多面性格と性格変容の心理学　自由国民社

渡邊芳之　2010　性格とはなんだったのか――心理学と日常概念　新曜社

人名索引

■あ行

アイゼンク（Eysenck, H. J.） 86, 114
アッシュ（Asch, S. E.） 119, 127
アトキンソン（Atkinson, J. W.） 160
アトキンソン（Atkinson, R. C.） 34
アドラー（Adler, A.） 173
アリストテレス（Aristotle） 38, 165
アルダーファ（Alderfer, C. P.） 159
井上哲次郎 174
ヴィゴツキー（Vygotsky, L. S.） 61
ウィトマー（Witmer, L.） 105
ウェイソン（Wason, P. C.） 39
ウェクスラー（Wechsler, D.） 70, 76
ヴェルトハイマー（Wertheimer, M.） 25, 171
ウェルニッケ（Wernicke, C.） 17
ウェンガー（Wenger, E.） 53
ウォルスター（Walster, E.） 120, 130
ウォルピ（Wolpe, J.） 114
ウッドワース（Woodworth, R. S.） 101
ヴント（Wundt, W.） 105, 168
エックマン（Ekman, P.） 103
エビングハウス（Ebbinghaus, H.） 55, 165
エリクソン（Erikson, E. H.） 62, 155
エンジェル（Angell, J. R.） 169
小塩真司 138
オルポート（Allport, G. W.） 120, 128, 181

■か行

影山任佐 143
ガードナー（Gardner, H.） 72
金政祐司 139
カーネマン（Kahneman, D.） 40
ガレヌス（Galenus） 166
キャッテル（Cattell, J. M.） 71, 86, 105
キャノン（Cannon, W. B.） 93, 100
ギルフォード（Guilford, J. P.） 72
クラーク（Clark, M. S.） 130
グリノ（Greeno, J. G.） 40
クレイク（Craik, F. I. M.） 56
クレッチ（Krech, D.） 121
クレッチマー（Kretschmer, E.） 84
ゲーテ（Goethe, J. W.） 66
ケーラー（Köhler, W.） 52, 171
ケリー（Kelley, H. H.） 129
ゴダード（Goddard, H. H.） 73
小西聖子 152
小林栄 177
コフカ（Koffka, K.） 57, 171
小宮信夫 150
ゴールトン（Galton, F.） 79, 105

■さ行

ザイアンス（Zajonc, R. B.） 120, 132
サイモン（Simon, H. A.） 40
サーストン（Thurstone, L. L.） 71
サリバン（Sullivan, H. S.） 173
シェイヴァー（Shaver, P. R.） 137
ジェームズ（James, W.） 100, 169
シェルドン（Sheldon, W. H.） 84
シフリン（Shiffrin, R. M.） 34
シモン（Simon, T.） 75
シャイン（Schein, E. H.） 155
シャクター（Schachter, S.） 100
シャルコー（Charcot, J. M.） 105
シュテルン（Stern, W.） 69
ジョンソン - レアード（Johnson-Laird, P. N.） 40
白樫三四郎 163
シルベイラ（Silveira, J.） 37
シンガー（Singer, J.） 100
スキナー（Skinner, B. F.） 49, 171
スクリプチャー（Scripture, E. W.） 174
鈴木治太郎 76
スタンバーグ（Sternberg, R. J.） 72, 134

ストッディル（Stogdill, R. M.） 161
スーパー（Super, D. E.） 154
スピアマン（Spearman, C. E.） 70
ソーンダイク（Thorndike, E. L.） 36, 48, 69

■た行

大坊郁夫 139
ダーウィン（Darwin, C.） 167
ダグデール（Dugdale, R. L.） 73
立脇洋介 133
田中寛一 76
ターマン（Terman, L. M.） 69, 76
ダラード（Dollard, J.） 125
ダーリー（Darley, J. M.） 124
タルヴィング（Tulving, E.） 35
ディアボーン（Dearborn, W. F.） 69
ティチナー（Titchener, E. B.） 168
ティボー（Thibaut, J. W.） 129
テオプラストス（Theophrastus） 166
デカルト（Descartes, R.） 166
デューイ（Dewey, J.） 169
トヴェルスキー（Tversky, A.） 40
ドゥンカー（Duncker, K.） 44
トールマン（Tolman, E. C.） 50, 171

■な行

西周 174
西村洋一 139
ニューカム（Newcomb, T. M.） 120
能見正比古 177

■は行

ハイダー（Heider, F.） 122
ハヴィガースト（Havighurst, R. J.） 63
パヴロフ（Pavlov, I. P.） 47, 170
バーコヴィッツ（Berkowitz, L.） 126
ハザン（Hazan, C.） 137
ハーシー（Hirschi, T.） 151
ハーズバーグ（Herzberg, F.） 159
ハル（Hull, C. L.） 171
バーン（Byrne, D.） 133
バンデューラ（Bandura, A.） 118, 125
ピアジェ（Piaget, J.） 60
ビネー（Binet, A.） 75
ヒポクラテス（Hippocrates） 166
ピントナー（Pintner, R.） 69
フィードラー（Fiedler, F. E.） 163
フェスティンガー（Festinger, L.） 122
フェヒナー（Fechner, G. T.） 167
福来友吉 175
プラトン（Platon） 165
ブランスフォード（Bransford, J. D.） 56
フリーセン（Friesen, W. V.） 103
古川竹二 177
プルチック（Plutchik, R.） 101
フレデリック（Frederick） 187
フロイト（Freud, S.） 88, 113, 172
ブローカ（Broca, P.） 17
ブロック（Bullock, M.） 102
ブロードマン（Brodmann, K.） 15
フロム（Fromm, E.） 173
ベイン（Bain, A.） 174
ヘヴン（Haven, J.） 174
ヘッブ（Hebb, D. O.） 75
ヘルバルト（Herbart, J. F.） 167
ペンフィールド（Penfield, W. G.） 15
ホヴランド（Hovland, C. I.） 123
ボウルビィ（Bowlby, J.） 137
ボーチャード（Bouchard, T. J.） 74
ボーリング（Boring, E. G.） 70
ホール（Hall, D. T.） 153
ホール（Hall, G. S.） 174
ホルネイ（Horney, K.） 173
ホワイト（White, R.） 162

■ま行

マースタイン（Murstein, B. I.） 132
マズロー（Maslow, A. H.） 95, 158
松井豊 131
マックギー（McGue, M.） 74
松本亦太郎 174
マレー（Murray, H. A.） 95
三隅二不二 162
ミッシェル（Mischel, W.） 188
ミラー（Miller, G. A.） 35
ミラー（Miller, N. E.） 125

ミルグラム（Milgram, S.）　126
ミルズ（Mills, J.）　130
メスメル（Mesmer, F. A.）　105
元良勇次郎　174
森田正馬　115

■や行

ユング（Jung, C. G.）　85, 113, 173
吉本伊信　116

■ら行

ラザルス（Lazarus, R. S.）　99
ラタネ（Latané, B.）　124
ラッセル（Russell, J. A.）　102
リー（Lee, J. A.）　135
リピット（Lippitt, R.）　162
ルソー（Rousseau, J. J.）　65
ルビン（Rubin, Z.）　134
レイヴ（Lave, J.）　53
レヴィン（Lewin, K.）　65, 97, 171
レヴィンジャー（Levinger, G.）　130
ロジャーズ（Rogers, C. R.）　114
ローゼンツワイク（Rosenzweig, S.）　96
ローゼンバーグ（Rosenberg, M. J.）　121
ロック（Locke, J.）　167
ロックハート（Lockhart, R. S.）　56
ロフタス（Loftus, E. F.）　145
ローレンツ（Lorenz, K. Z.）　59

■わ行

ワイズ（Weiss, W.）　123
渡邊徹　175
ワトソン（Watson, J. B.）　48, 58, 170
ワラス（Wallas, G.）　43

事項索引

■あ行

■か行

■さ行

■た行

■な行

■は行

■ま行

■や行

■ら行

■わ行

編著者

藤田 主一（ふじた しゅいち）　日本体育大学名誉教授

著　者〈執筆順，（　）内は執筆担当箇所〉

寺門 正顕（てらかど まさあき）（1章）　清泉女学院大学人間学部
真覚 健（まさめ けん）（2章）　仙台青葉学院大学看護学部
谷口 篤（たにぐち あつし）（3章）　名古屋学院大学スポーツ健康学部
中澤 保生（なかざわ やすお）（4章）　元清泉女学院大学人間学部
雨森 雅哉（あめもり まさや）（5章）　滋賀文教短期大学子ども学科
市川 優一郎（いちかわ ゆういちろう）（6章）　日本体育大学体育学部
小池 庸生（こいけ のぶお）（7章）　育英短期大学現代コミュニケーション学科
吉田 宏之（よしだ ひろゆき）（8章）　常磐大学総合政策学部
滑川 瑞穂（なめかわ みずほ）（9章）　明治学院大学心理学部
纓坂 英子（おさか えいこ）（10章）　駿河台大学心理学部
伊坂 裕子（いさか ひろこ）（11章）　日本大学国際関係学部
碓井 真史（うすい まふみ）（12章）　新潟青陵大学大学院臨床心理学研究科
堀 洋元（ほり ひろもと）（13章）　大妻女子大学人間関係学部
藤田 主一（ふじた しゅいち）（14章）　編著者
大村 政男（おおむら まさお）（15章）　元日本大学名誉教授

新 こころへの挑戦――心理学ゼミナール

2015年4月15日　初版第1刷発行
2025年2月10日　第9刷発行

編著者　藤田主一
発行者　宮下基幸
発行所　福村出版株式会社
〒104-0045　東京都中央区築地4-12-2
電話 03-6278-8508　FAX 03-6278-8323
https://www.fukumura.co.jp
印　刷　株式会社文化カラー印刷
製　本　協栄製本株式会社

ISBN 978-4-571-20081-6